파격적인
편집자

THE SUBVERSIVE COPY EDITOR

Licensed by The University of Chicago Press, Chicago, Illinois, U. S. A.

The Subversive Copy Editor ⓒ 2009 by Carol Fischer Saller. All rights reserved.

파격적인 편집자

펴낸날 | 2012년 1월 10일 초판 1쇄

지 은 이 | 캐럴 피셔 샐러
옮 긴 이 | 허수연
펴 낸 이 | 이태권
책임편집 | 최은정
책임미술 | 이주연
펴 낸 곳 | (주)태일소담
　　　　　서울시 성북구 성북동 178-2 (우)136-020
　　　　　전화 | 745-8566~7　팩스 | 747-3238
　　　　　e-mail | sodam@dreamsodam.co.kr
　　　　　등록번호 | 제2-42호(1979년 11월 14일)
　　　　　홈페이지 | www.dreamsodam.co.kr

ISBN 978-89-7381-267-7　03300

● 책값은 뒤표지에 있습니다.
● 잘못된 책은 구입하신 곳에서 교환해드립니다.

THE SUBVERSIVE COPY EDITOR

파격적인
편집자

캐럴 피셔 샐러 지음 | 허수연 옮김

세상의 그 어떤 열정도
다른 사람의 글을 다듬는 열정에 비할 바가 아니다.
— H. G. 웰스[*]

---

* 허버트 조지 웰스 (Herbert George Wells, 1866. 9 ~ 1946. 8): SF의 창시자라 불리는 영국의 소설가이자 문명비평가. 대표작으로 『타임머신』, 『투명인간』, 『우주전쟁』 등이 있다.

차례

각주의 표기

독자의 이해를 돕기 위해 저자와 역자의 각주 표기를 구분했음을 알려드립니다.

― 저자 각주 : 번호 표기

― 역자 각주 : 별표 표기(*)

들어가는 말

나는 당신의 심정을 이해한다.

시카고 대학 출판사가 '시카고 매뉴얼 온라인The Chicago Manual of Style Online'을 통해 월간 Q&A 섹션을 선보인 1997년부터 지금까지, 사람들은 본문 편집에 관한 질문들을 꾸준히 보내고 있다. 전부 합치면 수만 개에 이를 이 질문들은 글을 쓰거나 편집하는 과정에서 어려움을 겪고 있는 학생과 교수, 편집자와 작가, 일반 직장인이 보낸 것들이다. 시카고 매뉴얼 온라인의 방문자 수는 매달 2백만 명에 달하며, 그중에서도 Q&A 섹션을 찾는 방문자 수가 가장 높다. 다행히 방문자 대부분은 질문을 남기지 않는다.

『시카고 매뉴얼』은 영어권에서 편집 초보자가 제일 신뢰하는 편집 가이드이다. 이용자 수로 따진다면 『시카고 매뉴얼』이 으뜸이 아닐 수도 있지만, 확실히 『시카고 매뉴얼』 이용자 중에는 규정상 따르기 위해서가 아니라, 본인의 선택에 따른 열성파가 많다. 1890년대 시카고 대학 출판사가 사내 편집자들을 위해 간단한 교정 지침을 마련한 것을 시작으로 꾸준히 성장을 거듭한 결과, 현재 『시카고 매뉴얼』은 인쇄판은 물론 CD 및 인터넷판으로도 이용 가능하고 언론계를 제외한 거의 모든 종류의 글짓기에 종사하는 작가와 편집자들에게 편집(본문 정리 및 교정교열)의 바이블로 자리 잡았다. 참고로 언론계는『미국 연합통신 스타일북 The Associated Press Stylebook』과『뉴욕타임스 매뉴얼 The New York Times Manual of style and Usage』을 따른다.

내 소속인 시카고 대학 출판사 편집부가 펴낸『시카고 매뉴얼』은 문장부호 사용법과 대·소문자 표기법, 수학과 외국어 등과 관련된 전문용어에 이르기까지 다양한 내용으로 구성되어 있다. 각주와 참고 문헌의 형식을 다룬 문서 분류 체계에 관한 내용은 전 세계 많은 대학들이 두루 활용하고 있다. 『시카고 매뉴얼』의 이용자를 살펴보면 학식이 깊은 작가와 편집자도 있지만 '편집'의 'ㅍ' 자도 모르는 일반인도 눈에 띈다. 지난 10여 년간 그야말로 다양한 부류의 사람들이 Q&A 섹션을 다녀간 셈이다.

사이트에 올라온 질문을 읽는 일은 편집이라는 일상의 업무를 잠깐 멈추고 떠나는 짜릿한 모험과도 같다. 사이트 운영진이 가능한 한 많은 질문에 답하려고 노력하는 사이, 나는 별도로 '이달의 질문'들을 적절히 추린다. 질문의 주제는 놀랄 만큼 다양하다. 나사 NASA 의 제트추진연구소 The Jet Propulsion Laboratory 에서 보낸 질문을 예로 들면 다음과 같다.

시카고 매뉴얼, Q&A 담당자 분께

형용사 여러 개를 쭉 늘어놓을 때는 어떤 순서로 나열해야 합니까? 예를 들어, 개수 다음에 크기를 밝힌다는 것은 알고 있습니다. [six small apples], 그리고 크기 다음에 색깔이 오고요. [six small yellow apples]. 여기서 문제는 [narrow anticyclonically dominated northwestern coast]라고 해야 옳은지, 아니면 [anticyclonically dominated narrow northwestern coast]라고 해야 옳은지 하는 것입니다. 설마 [anticyclonically dominated northwestern narrow coast]라고 해야 하는 것은 아니겠지요?

이 질문의 말미는 무척 인상 깊었다. 질문자는 "담당자분께서 주실 답의 근거는 무엇입니까?"라고 덧붙였다.[1]

이와는 달리 "담당자님께. 『시카고 매뉴얼』이 뭐예요? 예를 하나만 들어주실 수 있어요?"처럼 질문이 상당히 모호한 경우도 있다.

---

[1] 언어학자에게 구한 자문을 바탕으로 우리가 제시한 답은 이랬다. "담당 고문에 따르면 앞뒤 문맥을 자세히 살피지 않고서는 선뜻 판단하기가 어렵다고 합니다. 질문하신 부분은 문장 수준에서 살펴봐야 할 문제이지, 형용사구 수준에서 해결될 문제가 아니기 때문입니다. 강조하려는 내용이 무엇이냐에 따라 나열 순서가 달라질 수 있다는 담당 고문의 지적을 고려할 때, 강조 내용을 파악하려면 앞뒤 문맥을 살펴야만 합니다. 만약 'narrow'를 강조한다면 'narrow'를 앞에 두어야겠지요. 이때 'narrow' 다음에는 반점(,)을 찍습니다. [narrow, anticyclonically dominated northwestern coast 해안의 폭이 좁고, 고기압의 영향을 받는 북서 연안—옮긴이] 만약 'anticyclonically dominated'가 더 중요하다면 'anticyclonically dominated'를 앞에 두어야 합니다. 마찬가지로 'anticyclonically dominated' 뒤에 반점(,)을 찍습니다. [anticyclonically dominated, narrow northwestern coast 고기압의 영향을 받는, 폭이 좁은 북서 연안—옮긴이]

특히 재미있었던 질문을 꼽자면 "시카고 님, 안녕하세요? 제 질문은요, 노스이스턴 일리노이 대학교ɴᴇɪᴜ에서 가까운 아파트를 구하려면 어떻게 해야 하나요? 여기저기 둘러봤는데요. 저 같은 정규 학생의 형편에 맞는 집을 구하기가 어렵네요. 감사합니다"라는 질문이 생각난다.

세계 곳곳에서 날아드는 질문들 중에는 영어로 골치를 앓고 있는 독자들이 보낸 것도 있다. 문법에 관한 이들의 질문은 아주 난해해서 우리의 능력으론 답하기 어려울 때가 있다. "'at'과 'to'의 차이를 설명해주세요"가 그런 경우이다. 베이징의 어느 교수는 『시카고 매뉴얼』의 필요성을 깨닫고 본인이 직접 중국어로 이를 번역하는 중이라고 한다. 『시카고 매뉴얼』이 중국어로 번역되고 나면 과연 어떤 질문들이 쏟아질지 몹시 궁금하다.

그러나 질문의 대부분은 편집의 기본 사항에 해당하는 것들이다. 질문에 답을 바로 올릴 수 있는 경우도 있지만 어떤 것들은 별도의 수고를 통해 답을 찾아내야 할 때도 있다. 동료 편집자들에게 이메일로 의견을 묻기도 하고 사무실을 돌아다니면서 눈에 띄는 편집자 두세 명에게 직접 물어보기도 한다. 출판사 밖의 사람들은 우리를 '편집의 신'이라 일컬으며 우리라면 『시카고 매뉴얼』의 내용에 대해 모르는 게 없을 것이라 기대한다. 이럴 때마다 나는 커튼 뒤에

몸을 숨긴 작고 초라한 〈오즈의 마법사〉의 등장인물이 된 듯한 기분이 든다. Q&A 섹션과 관련해서 내가 다소 권위적인 위치에 있을 수 있는 것은 바로 내 옆을 지켜주는 아주 박식한 동료들 덕분이다. 이들은 본인이 아는 바를 십분 활용하여 도움을 준다. 언어학이나 전문적인 글에 대한 난해한 질문을 받으면 교내 교수들에게 전화를 걸거나 이메일을 보내 도움을 구한다. 시카고 매뉴얼 온라인의 '도와주세요HELP' 섹션에서도 도저히 해결할 수 없는 질문은 별도로 인터넷 검색을 해서 도움될 만한 사이트를 찾아주기도 한다. 자주 반복되는 질문은 미리 모범 답안을 준비해놓고 필요에 따라 적절히 활용하고 있다.

가능한 한 모든 수단을 동원해서 그 달에 올릴 Q&A 섹션의 내용을 선별해놓으면 이것을 편집장과 최소 둘 이상의 동료 직원들이 읽고 문법적 실수나 잘못 사용된 문장부호를 찾아서 고쳐준다. 그뿐만 아니라, 내용상 어딘가 어색한 부분이 있다면 내가 난처하지 않도록 눈치껏 바로잡아 주기도 한다.

가끔 질문자한테서 "믿을 만한 소식통에게 답을 직접 들으니까 정말 좋아요"라거나 "답변을 빨리 주셔서 진심으로 감사합니다. 그런데 님의 유머 감각은 좀 떨어지시는 듯……"과 같은 답장을 받으면 은근히 기분이 좋다. 그래서 간단하게나마 "별말씀을요. 당신의 소식통으로부터” 혹은 “미안해요. 하지만 님의 고민을 듣고 웃어야 할지 울어야 할지 판단이 서질 않더군요”라고 답하고 싶은 생각은 굴뚝같지만 실제로 그렇게 하는 경우는 드물다. 친구가 갑자기 많아지면 관리하기 힘드니까.

사이트에 쏟아지는 질문은 크게 두 가지 부류로 나뉘는데 바로 이 질문들이 내가 책을 쓰게 된 자극제가 되었다. 첫 번째는 말다툼을 중재해주길 부탁하는 식의 질문이다. 이런 질문을 읽다 보면 속이 답답한 질문자가 질러대는 끝없는 외침이 들리는 듯하다.

Q 이게 옳다는 걸 저는 알거든요. 『시카고 매뉴얼』 담당자께서 이걸 분명히 해주실 수 있어요?

Q 저는 옳은 것을 알고 있습니다. 제 선생님/학생/저자/동료/상사/편집자의 오해를 좀 바로잡아 주시겠습니까?

Q 제가 옳다는 것을 확신합니다. 올바른 문장 사용법을 점점 잊어가는 이 세상을 구해주세요. 이러다간 다들 글을 읽지도 쓰지도 못하게 될 겁니다.

두 번째 부류는 일을 끝내려고 애쓰던 중 어려움에 부닥친 작가나 편집자가 던지는 질문이다.

Q 어제가 마감일이었어요. 빠른 답변 부탁합니다.

Q 편집이 끝났습니다. 막혔던 부분만 정리해서 여기 올렸어요. 한 번 봐주실 수 있나요?

Q 이런 참고 문헌 목록은 어떤 식으로 편집해야 합니까? 처음 열 개만 예로 보여주세요. 그러면 나머지는 혼자 해낼 수 있습니다.

 이 책은 바로 당신과 같은 학생과 교수, 편집자와 작가 그리고 직장인을 위한 책이다. 본문 편집 및 문법의 규칙을 두고 딱히 결정을 짓지 못하고 갈팡질팡하는가? 규칙은 알지만 언제 어떻게 써먹을지 몰라 괴로운가? 현재 전문 편집자이거나 편집자 지망생인가? 이러한 당신에게 이 책을 통해 위로와 격려 그리고 힘을 주고 싶다. 그렇다고 해서 당신의 선생님/학생/저자/동료/상사/편집자의 오해를 바로잡아 주거나 과제를 대신 해주겠다는 뜻은 아니다. 여기서 편집의 기초 지식을 읊어줄 거라고는 생각하지 마라. 이 책에서는 편집자라는 직업인이 맺고 있는 주요한 인간관계에 대해 이야기할 것이기 때문에 차라리 인간관계를 다루는 책으로 기대하는 편이 낫다. 즉, 편집자가 작가 및 동료 편집자들과의 관계를 원만히 유지하는 방법, 그리고 현명한 편집자의 자기 관리법 등을 제시할 것이다. 아주 생소하거나 때로는 파격적이라고 할 만한 부분이 있을지도 모르겠다.

우선 '파격적인 편집자'라는 말의 뜻을 설명하겠다. 내 동료, 조 와인트라웁의 수상작인 어느 단편소설에 등장했던 편집자를 떠올 리면 곤란하니까.

이 소설에서 '에즈라 페킨파'라는 거만한 언어학자가 편집자 때 문에 여러 달 고생을 한다. 자신이 쓴 잡지 칼럼의 최종 원고에 이 편집자가 일부러 오자를 집어넣었기 때문이다. 에즈라가 최근 호 잡지를 막 집어 드는 장면을 보자.

독서용 전등 아래에서 그는 손에 든 잡지를 펼쳤다. 흠집이나 얼룩을 찾기로 작정하고 페이지를 구석구석 살피는 듯했다. 마 지막 단락을 살필 때, 문법에 맞지 않는 아포스트로피(')가 눈앞 에 나타나기 시작했다. "친애하는 독자 여러분, 그냥 우리 사이니 까…….(중략)" 그의 팔이 크게 떨리면서 팔꿈치가 전등에 부딪혔 고 밑동까지 흔들거려서 전등이 쓰러질 뻔했다.

"교정쇄!" 수화기에 대고 그가 소리쳤다. "교정쇄를 봐야겠소!"[2]

---

2 조 와인트라웁의 《The Well of English, Defiled》, 1984년 가을에 발행된 〈Ascent 10〉의 제1호 43 쪽-57쪽에 수록

잠깐, 끝내주는 한판을 원하고 있을 당신이 더 크게 실망하기 전에 이실직고하겠다. 내가 말하는 '파격적인 편집자'란 전혀 다른 의미의 인물이다.

'파격적이다'라는 것은 우선, 원고를 두고 적수인 작가와 힘겨루기를 하는 사람으로 알려진 편집자에 대한 고정관념을 깬다는 뜻이다. 이 책의 제1부에서는 이전의 관점과 다른 각도에서 편집자를 바라볼 것이며, 인간관계에서 편집자가 누굴 제일 중요하게 생각해야 가장 생산적일 수 있는지에 대해 이야기할 것이다. 내 상사한테는 비밀이지만 나는 편집자 편에서 출판사보다는 작가를 우선순위에 가깝게 두었다.

'파격적이다'의 다른 의미는, 편집자로서 좋은 삶을 살려면 이따금 규칙에서 벗어난 생각도 해야 한다는 뜻이다. 편집이란 끝없이 발생하는 크고 작은 문제들에 직면하고 또 해결해가는 일이다. 이 책의 제2부에서는 갈등으로 얼룩진 편집자의 삶을 자세히 들여다보겠다. 상대 작가가 노련해서 빈틈이 없고 편집자의 말을 고분고분 잘 들어주는 상황에서 편집자 스스로 걱정거리를 만드는 경우에 초점을 맞추겠다. 늘 고집스럽게 원칙을 지키려다 보면 어떤 역효과가 나는지 알게 될 것이다. 떨치기 어려운 강박감과 완강한 고집, 그리고 더 좋은 성과를 내는 데 방해가 되는 원칙에 대한 맹신을 떨쳐

버릴 수 있도록 나 또한 노력하겠다. 책장을 넘기는 중에 다음과 같은 이단적인 견해를 여러 번 마주치게 될 것이다. "옳고 그름에 관한 문제가 아니다. 각자가 가진 기호의 문제일 뿐이다."

이런 생각을 하면서 언젠가 내 아들 존에게 가끔은 규칙을 벗어나더라도 관계자 모두가 원하는 바를 얻는 길을 찾아내고 싶다고 말했다. 그랬더니 존이 물었다. "아, 때에 따라 가게에서 필요한 물건을 슬쩍하는 것처럼요?" 아니, 그런 건 절대로 아니다. 어법이 틀리거나 집필 자료의 출처가 불분명해도 괜찮다는 뜻은 결코 아니다. 작가와 편집자 간의 우호적인 관계는 작가가 원하는 바를 편집자에게 솔직히 얘기하고 편집자는 이것이 이뤄지도록 도와주려고 애를 쓸 때에 가능한 것이다. 편집을 하다 보면 결국 작가가 원하는 것이 편집자가 원하는 것이라는 걸 알게 된다. 그리고 편집자가 갖춘 능력이 뛰어나면 작가도 본인의 바람과 편집자의 바람이 일치한다는 것을 발견하게 된다. 동료 편집자뿐 아니라 편집자인 자기 자신과도 좋은 관계를 유지하려면 주어진 자료를 가지고 최선을 다해 임무를 완수하려는 태도와 작업 습관을 갖춰야 한다. 스스로 작업의 기대치를 너무 높이거나 정신이 나가기 일보 직전까지 자신을 몰아붙이는 것, 또는 밤잠을 필요 이상으로 줄이는 일은 없어야 한다.

작가와 직장 상사, 동료 그리고 자기 자신과 잘 지내는 법을 터득하는 과정에서 운이 좋으면 삶을 잘 꾸리는 방법까지 깨치게 될지 누가 알겠는가?

나는 현재 시카고 대학 출판사에서 원고 편집자manuscript editor로 근무하고 있다.[3] 시카고 대학 출판사는 다양한 분야의 학술 서적을 출판한다. 도서 제작 과정에서 편집자는 업무상 입고 도서 관리, 디자인, 제작 및 마케팅에 연관된 사람들과 거의 매일 연락을 주고받는다. 정규 직원인 편집자가 열네 명이 있지만 많은 양의 도서를 모두 작업할 수가 없어 프리랜서 편집자까지 동원한다. 편집 대부분은 컴퓨터로 이루어지고 관련 기술과 요령을 동료와 서로 공유한다. 또한 시카고 대학 출판사에는 도서 편집을 진행하는 절차에 딱히 정해진 기준이 없다. 그야말로 소중한 자율권이 주어져 있다. 이 책을 쓰면서 다음과 같은 점에 유념하겠다. 편집자라고 해서 꼭 도

---

3 몇몇 독자는 화를 낼 수도 있겠으나, 나는 '교정 교열자(copy editor)'와 '원고 편집자(manuscript editor)'를 같은 용어로 보겠다. 이 두 용어의 정의는 다양하지만, 내 생각에는 의미상 겹치는 부분이 있다. '교정 교열(copyediting)'은 주로 전문 편집자가 아닌 사람에 의해 이뤄지며, 철자와 문법, 타당성, 본문의 양식, 일관성 및 표현의 적절성 같은 소소한 부분에 중점을 둔다. 즉, 기술적인 부분에서 문제가 없는지 살펴가며 원고를 읽는 일이다. 작업자가 지닌 책임 의식의 수준에 따라 이 정도의 역할만 맡거나 또는 이보다 더 깊숙이 관여하기도 한다. '원고 편집(manuscript editing)'은 전문 편집자가 하는 일이다. 교정 교열 업무 외에도 단계별로 거치는 출판 제작에 관한 업무까지 완수해야 하므로 책임이 더 무겁다. 원고 내용을 재고하거나 고쳐 쓰는 일처럼 더 힘든 업무가 수반되기도 한다. 드문 경우이지만 전에 내가 맡은 어느 프로젝트는 증거 문헌과 관련해서 내가 제기한 의문들 때문에 프로젝트 자체가 무산되기도 했다.

서 편집만을 하는 것은 아니라는 점, 정규 직원이 아닐 수도 있다는 점, 편집 규정을 두고 부리는 융통성도 각자 다르다는 점. 그리고 프리랜서 편집자들을 위해서는 특별히 따로 한 장을 마련했다.

시카고 대학 출판사의 편집부에 소속된 편집자들은 각자 다른 전공의 석사나 박사 학위를 가지고 있지만, 어느 한 사람이 특정 주제를 도맡아 처리하지는 않는다. 주로 작업 일정을 고려하여 특정 시기에 작업을 맡을 수 있는 사람에게 해당 원고를 맡기는 식이다.

지난 몇 년간, 척추동물의 두개골에 관한 세 권짜리 저서를 비롯해 유대인의 재담 모음집, 역사지리학에 관한 700쪽짜리 참고 문헌 목록을 편집했다. 문학비평에서부터 미술사, 민족음악학, 게이와 레즈비언 연구에 이르기까지 우리 편집부는 수학과 물리과학을 제외한 모든 분야를 담당한다. 수학과 물리과학은 해당 분야를 전공한 프리랜서 편집자들의 도움을 받는다. 예전에 어느 프리랜서 편집자에게 '휘어진 시공간에서의 양자장론과 블랙홀 열역학'의 작업을 맡기고 감독한 적이 있다. 그러고는 찾아오는 손님들의 관심을 끌 요량으로 이 책을 책장에 수년간 꽂아두었다.

편집한 경험은 대부분 학술 서적과 관계가 있지만, 상업 출판과 언론 계통에서 일한 적도 있다. 오래전에 비서와 서기 겸 타이피스트로 일한 경험도 있고 자료 입력을 대신 해주는 일도 해보았다. 굳

파격적인 편집자

이 밝히자면 우편배달부의 경험도 있다. 이 모든 직업을 수행하는 데 있어서 어찌 보면 모두 원고를 쓰거나 편집하거나, 혹은 배달하는 일에 책임이 있었다고 볼 수 있다. 이런 얘기를 하는 까닭은 그동안 여러 장르의 글을 편집해오면서 당신과 나눌 가치가 있는 것들을 많이 배웠다는 사실을 알려주고 싶기 때문이다. 바로 당신이 Q&A 섹션에 올린 질문의 답이 되는 것들이다.

Q&A 섹션에 사연을 남기는 사람들은 좌절감을 느꼈거나 무척 당황했거나 또는 뭔가 불만을 품고 있는 경향이 있다. 그러나 나는 이것을 이렇게 믿고 싶다. 우리에게 사연을 남길 때를 빼고는 당신이 하는 일에 재미를 느끼며 잘 지내고 있다고 말이다. 뭔가 부족한 듯한 글을 땜질해서 제소리가 나도록 하는 것은 가치 있는 일이다. 이 땜질에 통달한 사람은 그 땜질을 할 줄 안다는 사실 자체로 만족을 느낀다. 산파는 산고로 고통스러워하는 여인이 건강한 아이를 낳을 수 있게 돕는다. 바느질꾼과 재봉사는 디자이너가 구상한 의상을 가지고 누군가 실제로 입었을 때 몸에 꼭 맞아서 더 멋져 보일 수 있게 만들어준다. 목수와 석공은 설계자가 머릿속에 그린 것을 실현하고 그 실현된 건물이 안전하게 제구실하는 것을 보면서 자부심을 느낀다. 이 모든 사람은 하나의 공통점을 가지고 있다. 본인이 작업할 수 있도록 애초에 아이디어를 제공해준 사람과 경쟁이 아닌, 협조를 바

란다는 것이다. 게다가 모든 일이 순조롭게 진행되면 아이디어 제공자와 일종의 만족감과 성취감을 나눠 가진다.

궁극적으로 당신이 편집자 본인의 역할을 재고함으로써 도움이 되지 않는 습관과 태도를 떨치고 그 결과 당신과 주변의 모든 당사자가 함께 득을 볼 수 있기를 바란다. 요지는 '편집이란 어떻게 하느냐'가 아니라, '편집을 하면서 어떻게 살아남을 것이냐'이다. 당신에게 자신감과 기품을 나눠주고 싶다. 그래서 편집자의 도움이 필요할 수밖에 없는 작가라는 상대와 한 번에 한 낱말씩 이견 조율을 잘해나갈 수 있기를 희망한다.

1부

독자를 생각하며 작가와 더불어 일하기

1장
파격적인 편집자

Q 저자가 서문을 책의 맨 뒤에 넣겠답니다. 제가 보기엔 말도 안 된다 싶어요. 아니, 서문은 서문이고 후기는 후기잖아요.

무슨 일을 하는가?

Q&A 섹션 앞으로 날아온 편지들의 내용으로 판단하건대, 이 책을 읽는 당신은 전문 편집자가 아닐 공산이 크다. 그렇다고 해서 당신이 아예 편집을 안 하는 사람이라는 얘기는 아니다. 대부분의 사무직이 그러하듯, 사무직 종사자들은 상당량의 문서를 처리해야 하며 이런 문서는 대개 편집상의 문젯거리를 안고 있게 마련이다. 문서에 드러난 문제점들을 해결하는 것이 곧 편집이다. 정기간행물인 뉴스레터 〈카피 에디터Copy Editor〉가 최근에 그 이름을 『카피에디팅Copyediting』으로 바꿨다. 이런 결정을 내린 근거는 "'편집자'라는

직함을 가진 사람의 수가 매년 감소하기 때문"이다. 웬덜린 니콜스 Wendalyn Nichols (뉴스레터 〈카피에디팅〉의 편집자—옮긴이)에 따르면 "지금은 많은 회사가 사내 간행물을 직접 발행하고 있으며 프리랜서 편집자들의 고유 영역으로 남아 있던 특정 업무에까지 손을 뻗고 있다. 그렇기 때문에 편집에 관한 일을 하는 사람은 전보다 더 많은 일을 동시다발적으로 수행해야 한다."[1] 아마도 이런 배경 때문에 편집 교육을 받지 않은 많은 사람이 길잡이를 구하기 위해 Q&A 섹션에 질문을 남기게 되었을 것이다.

　다른 사람이 쓴 글을 상대로 일하는 사람이라면 누구나 전문 편집자용 도움말에서 큰 도움을 받을 수 있다. 내가 사용하는 어휘는 책 원고를 다루는 편집자 측면에서 볼 때 가장 적절하다고 판단한 용어이겠지만 기본 원리는 다양한 상황에서 활용할 수 있다. 다른 누군가의 글을 다루는 목적이 출판이냐 아니냐 하는 것은 여기서 그리 중요하지 않다. 신문이나 잡지여도 좋고 영리 또는 비영리 단체의 자료집이어도 좋다. 인터넷에 게재하려는 글이나 뉴스레터, 광고물, 만화책, 연애편지……. 잠깐, 연애편지는 조금 무리일 수도 있겠다. 아무튼, 당신의 직함에 구애받지 말고 이 책을 읽어주길 바란다.

---

1 뉴스레터 〈카피 에디터〉의 "편집자에게 물어보세요(Ask Copy Editor)", 간행물 2007년 8월-9월 호 4쪽에 수록.

누가 보스인가?

　당신이 손봐야 할 많은 양의 글을 마주하고 앉을 때면 그 옆엔 당신의 손때가 묻은 사전이 놓여 있게 마련이다. 『Words into Type』이나 『시카고 매뉴얼』과 같은 편집 가이드와 당신이 평소 사용하는 편집에 도움이 될 만한 참고서도 함께. 당신은 뾰족하게 깎은 연필 여섯 자루를 옆에 끼고 책상 사무실에 앉아 있거나 아니면 피자의 기름 자국이 군데군데 보이는 출력 원고를 앞에 두고 지하실에 앉아 있을 수도 있겠다. 나름의 경험과 직감으로 무장한 채. 어쩌면 불필요한 수식 때문에 삭제키를 누르고 싶어서 손가락이 근질거리는 순간일 수도 있다. 문장부호에 각별한 주의를 기울이고 있을 수도 있고. 어쩌면 당신은 나무보다는 숲을 보는 타입일 수도 있겠다. 첫 문단을 뒤로 빼고 대신 그 빈자리를 채우기 위해 그럴듯한 새 문단을 시작하는 순간일 수도 있다.

　당신이 지금 어떤 상황에 놓여 있건, 글을 읽고 편집에 관한 어떤 결정을 내리는 순간에는 다음과 같은 사항을 어렴풋이나마 염두에 둬야 한다. 즉, 그 최종 결과물은 특정한 기준에 따라 일정한 양식을 갖춰야 한다는 것이다. 때에 따라서는 이 사안이 매우 중요하게 작용한다. 아쉽게도 당신이 이 기준과 양식을 늘 선택할 수 있는 것은 아니다. 대개는 원고를 가지고 온 사람이나 담당 기관이 기준을 정하고 당신은 그것을 충실히 따라야 한다. 정확히 말해서 당신이 작업에 쏟은 시간만큼 당신에게 대가를 지급하는 바로 그 사람과 기관 말이다.

사실, 이런 구조에는 문제가 있다.

움찔할 필요 없다. 옆에 둔 편집 가이드를 던져버리라거나, 위치가 잘못된 수식어구 및 세미콜론(,)의 활용법에 대해 당신이 알고 있는 바를 무시하라는 뜻은 아니니까. 오히려 완벽하게 알아야 한다고 생각한다. 게다가 당신이 궁극적으로 만족시켜야 할 사람은 작가가 아니라는 점도 밝히고 싶다. 작가가 아니라면 과연 누굴까? 당신 자신? 아니다. 당신이 가장 중요시해야 할 사람은 당신이 편집한 작품을 읽어줄 사람이 되어야 한다. 바로, 독자다.

이 점은 당신도 잘 알고 있으리라. 상식적으로 보면 독자를 위해 일한다는 생각은 그리 파격적인 행보가 아니다. 애초에 발행인의 임무는 이런 생각에서 출발한다. 설령 독자를 기쁘게 만들어 책과 잡지, 신문을 팔아야만 하는 발행인의 처지를 고려한다 해도 달라질 건 없다. 비즈니스는 독자의 마음을 움직이는 데서 출발한다. 당신이 만든 책을 보고 자신감과 감동을 얻은 독자는 발길을 끊지 않는다. 대부분의 출판사가 다양한 계층의 독자를 끌어들이기 위해 애쓰듯, 대부분의 기관도 다양한 목적에 따라 각기 다른 문서를 만들어낸다. 당연히 편집자도 편집 대상에 따라 적절한 노력을 기울일 줄 알아야 한다. 그리고 그 과정에서 편집자는 어느 시점부터 글을 쓴 사람과 소뿔 싸움을 하듯 맞서야 할 때가 있을 것이다.

독자를 염두에 두고 편집을 하다 보면 편집에 관한 기존의 규칙들에 대한 의문을 품게 되는 경우가 반드시 생긴다. 어찌 그러지 않을 수 있겠는가? 벌거숭이 두더지 쥐에 대한 글을 쓸 때와 편집자에 대한 글을 쓸 때, 각각의 편집 방식이 같을 수는 없다. 잘 쓴 글의 기본 요소는 글의 종류와 상관없이 비슷할 수 있지만 세부 요소까지 같을 수는 없다. '선(先)탈수'와 같은 낱말이 쓰레기 처리에 관한 메모에서는 지극히 평범한 작업 용어일 뿐이지만, 미국주간지『뉴요커The New Yorker』에 실린 시에서 사용했다면 그 안에 재치가 담겨 있을 수도 있다. '칠천삼백육십이'로 표기된 숫자가 소설에서는 고상해 보일지 모르나, 수학책에서는 감당조차 안 될 것이다. 우스갯말이라도 어디에나 다 어울리는 것은 아니다. 강조하거나 앞 내용을 정리하기 위해서는 같은 말을 되풀이할 필요가 있지만, 그 외의 경우라면 같은 말이 반복될 때마다 막 짜증이 날 수도 있다.

편집에 관한 규정과 좋은 글쓰기의 요령을 내던지라는 말은 양질의 작업을 포기하라는 뜻이 아니다. 오히려 질적인 면에서 작업의 우수성을 보장해준다. 그러한 예는 무수히 많다. 하나만 살펴보자.

몇몇 편집 가이드를 보면, 어떤 인물의 이름이 본문에서 최초로 언급될 때는 성과 이름을 모두 밝히라고 되어 있다. 뉴스 기사나 판매용 도서, 교과서처럼 대상 독자의 수준이 다양하거나 독자가 한 번에 집중할 수 있는 시간_{attention span}이 각기 다른 경우에는 해당 분야의 초보 수준인 독자의 관점으로 눈높이를 맞추어야 한다. 셰익스피어 대신 윌리엄 셰익스피어, 대처 대신 마거릿 대처라고 한다 해서 누가 모욕당하는 것도 아니며 오히려 독자층을 넓힐 수 있고 독자는 주어진 내용을 헷갈리지 않고 이해할 수 있다. 이와 달리, 특별 문서나 전문 기술 자료처럼 소수의 전문가를 위한 글이라면 글을 쓰는 사람은 해당 인물의 성과 이름을 모두 표기하는 대신 전문가들 사이에서 잘 알려진 약칭을 선호할 수도 있다. 글을 쓰는 사람이 '단테'라고 했다면 그건 굳이 '알리기에리'를 덧붙이고 싶지 않았다는 뜻이다. 좋은 작가라면 다 아는 이름을 장황하게 늘어뜨려서 괜히 독자보다 많이 아는 척하려고 하지 않을 것이다. '단테'면 충분하다.

예상 독자에 맞춰 작가의 글을 다듬어야겠지만, 그렇다고 해서 정밀히 조사하듯 달려들어서는 안 된다. 누구를 위해 글을 쓰는지 말을 해줘야 아는 작가도 분명히 존재한다. 하지만 다행히도, 대부분의 경우에는 편집자인 당신보다 작가가 독자층의 사정에 더 밝다. 따라서 작가가 취한 선택에 손을 대기 전에 당신은 먼저 생각을 하는 것이 바람직하다.

여기서 자연스레 다음 주제로 넘어가자.

애당초 누가 쓴 원고인가?

작가는 마음속의 독자를 상상하면서 글을 쓴다! 이것을 무조건 전제로 삼는 것이 좋다. 만약 작가가 어떤 분야의 전문가라면 작가는 그 분야의 전문용어에 푹 젖어 있는 사람일 것이고, 오랫동안 그 용어를 직접 사용해왔으며 또 그 용어를 사용하는 독자와 의사소통을 가장 잘할 수 있는 방법을 알고 있다. 작품을 쓰려고 최근에서야 조사를 벌인 경우라 하더라도 해당 주제에 대해서는 아마 당신보다 작가가 아는 게 더 많을 것이다. 이런 점에서 작가는 벌써 독자를 먼저 고려한 셈이다. 당연히 작가는 편집 과정에서 작가 본인이 원하는 방향으로 원고를 좀 더 멀리 끌고 나아가기를 기대한다. 작가의 환상대로라면 원고는 당신의 편집을 거쳐 그야말로 매력적이고 완벽한 예술 작품으로 태어나야 한다. 반대로 악몽에 시달리는 작가도 있다. 작가의 원고를 글 나부랭이 수준으로 떨어뜨리는 편집자 때문이다. 아, 이런 건 모르는 척 눈을 감아버릴까? 책임감 측면에서 작가는 당신에게 두 번째로 높은 주인이다.

흔히 젊은 편집자는 규칙에 무지한 작가의 고집에 맞서 싸우는 것이 자신의 임무라고 생각하기 쉬운데 이 때문에 말썽이 자주 일어난다. 실제로 편집자는 이런 태도를 지녀야 한다고 배운다. 규칙의 중요성을 어필하면서 작가에게 '아니요'라고 말하는 법을 익힌다. '그런 유례가 없습니다' 내지 '우리 방식에서 벗어납니다' 아니면 '비용이 너무 많이 들어요', '그러면 출간 일정이 늦어집니다' 와 같은 말을 숙지한다. 어떨 땐 편집자가 이런 '무기'를 최후의 수단으로 삼아 전략적으로 이용하기도 한다. 그러나 작가와 편집자를 처음부터 적대적인 관계로 보는 것은 편집자 스스로 불안과 긴장 속에서 직업 생활을 하게끔 자기 자신을 몰아가는 길이다. 작가가 하는 일은 편집자의 일보다 훨씬 어렵다. 없던 글을 써내야 하는 사람은 작가니까. 반면에 편집자는 원고가 탄생하기까지 작가가 감당해낸 고뇌를 겪지 않고 그저 원고를 갈고닦을 수 있는 은혜를 입는다. 편집자가 우선해야 할 일은 대대적인 개정을 감행하거나 자기의 고집대로 편집 규정을 따르려고 애써 노력하는 것이 아니다. 편집자의 첫 목표는 되도록 작가의 원고에 해를 입히지 않는 것이어야 한다.

아아, 편집자들이 원고에 해를 입히는 방법들이란······.

언어 감각이 떨어지는 작가가 능력 있는 편집자의 도움을 받아 원고에 날개를 다는 경우가 있는가 하면, 신선하고 주제가 잘 드러난 글의 팔팔한 생기를 팍 꺾어버리는 풋내기 편집자도 존재한다. 편집자 본인이 고등학교에서 배운 문법을 토대로, 옳지 않다 싶은 반점은 전부 지워버리는 것이다. 작가가 속도감을 내려고 애쓴 부분에서는 꾸역꾸역 반점을 집어넣으면서. 문장 끝에 전치사를 놓지 않으려고 굳이 길고 복잡한 구문들을 더하기도 하고 부정사라면 목숨을 걸고서라도 지키려고 든다. 이런 편집자는 규칙에 기초한 일관성을 유지하는 것이 무척 중요하므로 설령 어떤 표현이 독자의 이해를 돕는 데 용이하고 작가에 대한 신임을 높인다 하더라도 그것이 규칙을 따르고 있는 것인가부터 살피게 된다. 이런 부류의 편집자는 규칙에 대한 집착이 강하다. 규칙이라기보다 맹신에 가깝다. 맹신에 가까운 규칙을 지킨 결과는 작가를 절름발이로 만들고 작품의 매력을 떨어뜨릴 뿐이다.

지쳐 나가떨어질 만큼 업무를 열심히 하는 편집자를 두고 사람들은 이 편집자가 아는 게 많아 고생이라고 생각하겠지만 실은 그 반대다. 아는 것이 얼마 없다 보니 요령이라고는 몇 개 되지도 않은 것을 손에 꽉 쥐고 하얗게 질린 채 간신히 버티고 있는 것일 뿐이다.

맡은 작품에 해를 입히지 않으려면 더 많은 요령을 습득해야 한다. 편집에 관한 규정과 관례에 대해 세세히 안다면 자신감 있게 옳은 것을 취하고 그른 것을 버릴 수 있다. 깊이 생각한 끝에 규정을 따르지 않기로 결정을 내리는 것과 실수로 규정을 어기는 것은 엄연히 다르다. 일부러 규정을 따르지 않을 때는 그만한 이유가 있게 마련이다. 하지만 실수로 규정을 어긴 것에 불과하다면 뒤처리해야 할 문제들이 생겨서 주변의 상황이 난처해진다. '오타 많은 책, 출판사 리콜 및 다시 찍어'[2] 라는 제목의 기사를 마주하는 즉시 허옇게 질리지 않을까 싶다.

편집에 관한 기초 훈련을 받은 적도 없고 편집자로서 자신감이 없는가? 아직 숙달하지 못한 어느 특정 편집 가이드를 지침상 어쩔 수 없이 지키는 데 혈안이 되어 있는가? 만약 그렇다면 당신은 독자의 당연한 권리를 지켜줄 수 없거니와 작가가 당신을 존중해줄 거라고 기대해서도 안 된다.[3] 일의 요령을 알고 거기서 얻은 이해력과 감

---

2 크로니클 오브 하이어 에듀케이션(Chronicle of Higher Education)의 뉴스 블로그에 올라온 2008년 5월 2일자 기사.

3 관련 책과 글을 읽으면서 편집의 기초 지식을 쌓을 수도 있지만 대부분의 직업이 그렇듯, 경험이야말로 최고의 스승이다. 만약 편집 일을 찾아야 한다면 관련 책과 온라인 자료를 살피고 원고 편집에 관한 강의를 받는 것도 고려해보라. 당신이 경험 삼아 무료로 해줄 수 있는 일을 찾아라. 친구의 논문을 공짜로 편집해주고 그 친구의 의견을 물어라. 이때 제일 친한 친구는 피하는 게 나을까? 편집계에 입문하는 기회를 마련하고 싶다면 '부록'을 참고하라.

수성을 기반으로 작가와 더불어 작업을 할 때 비로소 당신은 독자를 위해 일할 준비가 된 것이다.

편집해야 할 원고가 일단 손에 주어지면 당신은 그 누구보다도 앞장서서 작가와 작품을 지켜내야 할 위치에 선 셈이다. 당신만큼 이 작품에 관심을 보일 사람은 없다. 동료 중 그 누구도 이 작품의 최종 원고를 읽어주지 않을 것이다. 판권을 산 뒤, 여태 혼자서 이 작품을 돌봐온 기획 편집자acquiring editor(출간 전의 원고를 발굴하고 구매하는 편집자─옮긴이)도 이쯤 되면 다음 작품을 기획하느라 바쁘다. 관리자나 지정 편집자assigning editor(신문, 잡지 등에 실릴 기삿거리의 선정 및 취재 계획, 기사 정리 등을 하는 편집자─옮긴이)가 원고를 서둘러 훑어보고 당신 앞으로 승인을 내리면 그 원고는 당신의 차지이다. 마케팅 담당자는 나무보다는 숲을 보는 위치에 서서 출간될 책을 그리며 고민 중이다. 인쇄 관련 업자도 책의 내용에 관여하지 않는다. 당신이 아니라면 그 누가 작가를 지켜주겠는가? 책의 부록이 너무 길다거나 혹은 제작을 위한 예산이 제때 조정되지 않는 등의 문제가 발생했을 때, 만약 당신이 해당 프로젝트를 자신의 일처럼 여기고 최고의 선택을 위해 나선다면 주변의 모든 관련자들이 득을 볼 수 있다.

편집자의 이유 있는 참견

출판 과정에 문외한인 사람은 편집이라는 단계가 있다는 얘기를 듣고 놀랄 수도 있다. 작가가 원고를 넘기기 전에 교정 교열은 물론 퇴고도 직접 해야 하는 것 아닌가? 기획 편집자가 검토하고 나면 외부 독자들에게 원고를 보내고 그 피드백에 기초해서 저자가 글을 다듬거나 새로 쓰도록 재촉하면 되는 거 아닌가? 사실상 이쯤 되면 그 지긋지긋한 원고가 책으로 완성되지 않나?

결코, 그렇지 않다.

학술 원고 출판의 경우를 보자. 다른 출판 원고와 비교했을 때 학술 원고는 훨씬 많은 수정 작업과 외부 독자의 검토 및 퇴고 작업을 거치고 난 후에 비로소 편집자 손에 들어온다. 이때 작가와 외부 독자는 원고를 읽으면서 더욱 큰 그림, 즉 주제, 타당성, 구성 또는 표현의 명쾌함과 정확성에 초점을 맞춘다. 오자나 문법적 실수, 모순된 내용 등은 그들의 눈에 띄면 당연히 지적하겠지만 반드시 해야 할 일은 아니다. 편집자는 이 모든 것을 두루 살피면서 동시에 수백 가지에 이르는 자잘한 사항들을 꼼꼼히 기록 및 대조·조사한다. 『미국 사회학 저널The American Journal of Sociology』의 각주 43번에는 관련 기사가 12쪽에 실려 있으니 참고하라고 되어 있지만 참고 문헌 목록에는 이 기사가 22쪽에서부터 실린 것으로 표기되어 있다는 사실을 발견할 사람은 편집자다. 51쪽에 에드워드 멀홀랜드Edward Mulholland 가 등장하고 372쪽에는 에드윈 멀홀랜드Edwin Mulholland가 나오면 인물들의 이름을 정확히 확인할 필요가 있다고 서식 시트에 기록하는 사람도 역시 편집자다. 차이콥스키를 'Tchaikowsky/Tchaikovsky/ Tchaikovski'라고 세 가지 형태로 곳곳에 다르게 적어놓은 것과 목차에서는 제3장의 제목을 '거짓의 눈빛 The Untruth of the Gaze'이라고 해놓고 정작 제3장의 첫 페이지에서는 '거짓된 눈빛The Untrue Gaze'이라고 표기했다는 것을 발견하는 사람도 바로 편집자다.[4]

학술 원고 출판이 아니라면 원고는 사전 교정 작업을 비교적 간단히 거치고 편집자 손에 다다른다. 뉴스 기사는 비상근 통신원이 당일 아침 사무실로 출근하는 기차에서 미친 듯이 써내기도 한다. 점심으로 먹은 부리토의 포장지에 샤피sharpie(필기도구 회사인 샌포드의 브랜드명—옮긴이) 펜으로, 기증할 만한 능력이 되는 인사들에게 보낼 편지를 써서 상사가 당신에게 건넬 수도 있다. 맞춤법과 문장부

---

[4] 편집자는 본인이 편집하는 각 문서마다 서식 시트를 만들어놓고 편집 가이드의 규정을 벗어난 결정을 내릴 때마다 이 서식 시트에 그 사실을 기록한다. 이때 알파벳 순서로 정리하는 것을 원칙으로 하되, 숫자와 문장부호 등은 따로 항을 마련한다. 이 서식 시트를 참고하면 찾고 싶은 부분을 쉽게 찾을 수 있다. '전후의post-war'를 쓸 때 이처럼 하이픈(hyphen '-')을 넣겠다 하면 서식 시트의 알파벳 P칸에 이 점을 기록한다. 별도의 교정자가 있다면 이 교정자도 반드시 관련 서식 시트를 복사해서 가지고 있어야 한다. 그렇지 않으면 편집자가 해놓은 일을 교정자가 원래대로 다시 돌려놓을 수도 있다.

호, 내용의 일관성처럼 섬세한 부분을 살피기 전에 어쩌면 당신은 전체적으로 다시 쓰는 일부터 해야 할 수도 있다.

이 책을 읽는 독자 중에는 전문 편집자가 되어볼까 하는 생각을 이제 막 품은 사람도 있을 테고, '도대체 이런 게 왜 중요하다는 거야?'라고 의문을 가진 사람도 있을 것이다.

편집자를 고용하는 출판사 입장에서는 이것이 아주 중요하다. 부정확하고 일관성이 없는 글은 작가의 권위를 떨어뜨릴 뿐만 아니라 독자의 집중과 이해를 방해하며 출판사 이미지에 나쁜 영향을 끼치기 때문이다. 목차에 쪽수가 잘못 기재되어 있는 글은 그 글 속에 덧붙인 표의 내용도 꼭 틀린 것만 같다. 만약 고란 비스닉Goran Visnjic(크로아티아 출신의 배우—옮긴이)의 인터뷰 기사에 그의 이름을 제대로 표기하지 못했다면 이 배우와 실제로 인터뷰를 했다고 누가 믿어주겠는가? 예리한 독자는 작가를 신뢰할 것인지 말 것인지를 결정하기에 앞서 그 근거를 따지려고 한다. 상스러운 표현과 부주의한 실수는 작가를 신뢰할 수 없는 근거 두 가지에 해당할 것이다. 여기서 편집자의 업무는 원고에 남아 있는 부적절한 표현을 찾아내는 것이다. 편집자가 이런 식으로 작가를 도와줌으로써 작가는 독자와 신뢰에 기초한 관계를 형성할 수 있다. 여기서 신뢰란, 작가가 지적이고 책임감 있는 사람일 것이라는 믿음, 그리고 이 작가의 작품이면 확실하다는 믿음을 뜻한다. 편집자가 일하는 이유는 독자의 마음에 들도록 글을 다듬기 위해서다. 그리고 작가의 이야기를 듣고자 여행길에 오른 독자가 신호등을 지날 때마다 빨간 불에 걸려 멈추는 일이 없도록 하기 위한 것이다. 자신이 이런 일을 하고 있다는 것, 할 줄 안다는 것에서 이미 만족감과 긍지를 느끼기 때문에 편집자는 이 일을 한다. 그렇지 않은가?

독자는 책을 읽으면서 작가의 목소리를 찾고자 한다. 작가가 그리던 상상 속의 독자는 책과 하나가 되면서 비로소 마음속에 작가의 문체가 작품의 주제와 맞닿게 된다. 작가의 바람과 편집자의 희망이 일치하면서 편집자는 작가가 애초에 가려던 길에서 벗어나 방황하는 일이 없도록 해준다. 만약 작가가 원하는 것이 보다 큰 목표를 이루는 데 방해가 된다면 이때 편집자는 바로 참견을 해야만 한다.

어떤 편집자는 자기가 맡은 작품의 작가와 얘기를 나눌 기회가 전혀 없을 수도 있다. 이런 작업 방식에도 분명히 좋은 점은 있다. 만약 당신이 이런 처지에 있다면 이 책의 1장부터 4장까지는 별 도움이 안 될 수도 있겠다. 어쨌든 그런 당신도 작가와 관계가 있긴 하기에 어떤 식으로든 이 책이 당신에게 도움이 되기를 바란다. 당신이 무엇을 원하는가에 따라 그 관계는 투쟁적일 수도, 협조적일 수도 있는 것이다.

작품에 해를 입히고 싶지 않은가? 작가의 목소리를 찾아서 이것을 보호하고 드높여주고자 하는가?

자, 이런 희망을 가지고 작가와 편집자의 멋진 관계 형성을 위해 해야 할 일을 살펴보자.

A 저자가 왜 서문을 앞에 두기 싫어하는지 알아내세요. 아마 직접 물어야겠지요. 어쩌면 깜짝 놀랄 만큼 멋진 결론이 날 수도 있습니다. 이 서문 때문에 독자의 책 읽는 속도가 느려질지도 모르잖아요. 아울러 서문의 내용상, 작가의 말대로 뒤에 놓는 것이 더 적절하다고 판단이 되면 '서문'이라는 명칭이 틀렸다는 점을 작가에게 알려주시고 에필로그나 결론, 후기 같은 말 중에서 어느 것이 마음에 드는지 저자에게 여쭤보세요. 저자가 계속 '서문'을 고집한다고 해도 그냥 물러서지 마시고요. 명칭을 잘못 표기해서 독자로부터 '이런 것도 모르느냐'라는 소리를 들을까 염려된다고 하세요. 편집상의 실수라고 생각할 것이 걱정된다고 솔직하게 말씀하셔도 좋고요. 저자의 뜻에 따른 결정임을 알려주는 짧은 글을 덧붙이자고 요구하세요. 포기하시면 안 돼요. 결국엔 편집자와 저자, 두 분 모두 만족할 만한 좋은 수가 떠오를 겁니다.

2장
시작은 탄탄하게

🅀 구내식당 차림표에 "엔칠라다 주문 가능. '화-금'"이라고 적혀 있어서 어느 수요일, 제가 엔칠라다를 하나 주문했어요. 그랬더니 화요일과 금요일만 가능하다고 하더군요. 화요일부터 금요일까지가 아니라는 겁니다. 구내식당 책임자를 불러서 차림표가 틀렸다고 알려줬지요. 무척 불쾌한 표정을 짓더니 이 책임자는 차림표를 고치지 않겠대요. 누가 옳은지 제발 좀 결정해주세요!

깨달음을 얻은 편집자의 세 가지 덕목

편집자가 원고를 받을 때는 작가라는 존재도 함께 따라온다. 어쩌면 당신은 이 부분에 신경 쓸 필요가 없을 수도 있다. 저자가 불분명한 책을 진행하는 경우 혹은 작가와 편집자 사이에 연락을 취할 이유가 전혀 없는 경우가 그렇다. 지역신문에 실린 영화 목록이나 사내 게시판에 붙은 다음 달 점심 식단 같은 것들을 생각해보면 된다.

이와는 반대로 한 편집자가 한 작가의 작품들을 수년 동안 도맡아 온 예도 있다. 이때 편집자는 죽으나 사나 작가의 협력자, 조언자, 공모자가 되는 것이다. 사장 대신 각종 편지를 써주는 업무 등도 마찬가지이다. 어느 신문사나 잡지사의 전속 작가와 시사평론가도 같은 경우에 해당한다. 만약 당신이 처해 있는 편집자와 작가의 관계가 위에서 제시한 경우들과 같다면, 즉 작가와의 관계가 전혀 없거나 아니면 떼려야 뗄 수 없는 경우라면 당신은 다른 장으로 건너뛰어도 좋다. 이 장은 편집자가 새 작가와 함께 일하게 되면서 어떻게 하면 사이좋게 지낼 수 있는지 알아보는 장이다.

지금 생각해보니, 작가와 처음으로 연락이 닿는 순간은 솔직할 수 있다는 점만 빼면 구직 광고에 답을 하는 심정과 매우 비슷하다. 특히 책을 편집하는 일은 편집자가 그 작가를 전부터 알고 지냈을 리가 거의 없는 상태에서 진행되고, 대개는 직접 만나본 적도 없다. 어째서 작가가 자신의 걸작을 생판 모르는 편집자인 당신에게 안심하고 맡겨야 하는가? 당신이 직접 작가에게 그 세 가지 이유를 밝혀라. 작가가 봤을 때 (1) 자기소개를 겸한 편지나 이메일, 전화로 미루어보아 당신은 조심성이 있고, (2) 업무의 진행 과정을 투명하게 유지할 것이고, (3) 편집 업무상 융통성이 있다고 판단되어야 한다. 가능하면 조심성, 투명성, 융통성, 이 세 가지를 당신의 고무 팔찌에라도 적어둬라. 이에 대해서는 나중에 다시 살펴보겠다.

프로젝트의 관련 사항을 훑어보고 이메일을 쓰되, 편집을 시작하기 전이어야 한다. 편집을 하는 동안에는 작가가 편집자의 최고 동맹자이므로 진심 어린 관계를 형성하라. 편집자 자신을 소개하고 작가의 원고를 출판하는 과정에서 자신이 맡은 역할을 설명하라. 한두 가지 질문을 던짐으로써 편집자인 자신이 작가의 해당 작품에 익숙해졌다는 사실을 보여주고 그 질문들 속에 편집자가 가진 지식과 능력을 넌지시 담아라. 시카고 대학 출판사 소속의 한 베테랑 편집자의 제안에 따르면, 이 단계 전에 작가 정보를 가능한 한 많이 알아내야 한다. 이 베테랑 편집자는 이 단계에서 간단히 자기소개를 하고 편집자로 일해온 기간과 그동안 작업한 작품들은 어떠한 것들이 있는지 알려준다고 했다.

편집자가 해당 작품에 대한 의욕을 있는 그대로 표현할 수 있다면 운이 좋은 셈이다. 작가에게 예상되는 편집 일정을 알리고 가능하면 편집자 본인의 연락처도 알려줘라. 단, 필요에 의해서 휴대전화 번호를 알려줄 때는 두 번 생각하라. 내 경우엔 휴대전화 번호를 알려준 적이 여러 번 있지만 후회할 만한 일은 발생하지 않았다. 연락을 주고받을 때 이메일과 전화 중 어느 것이 나은지 작가에게 물어라. 그리고 작품을 읽다가 질문이 생기면 중간에 묻는 게 좋은지 아니면 다 읽고 나서 한꺼번에 묻는 게 좋은지도 물어라. 일단 이런 식의 이메일을 몇몇 작가와 주고받다 보면 자기소개서와 같은 나름의 양식이 생길 것이고 다음번 새 저자를 만날 때는 이것을 조금만 수정하면 바로 활용할 수 있다.

--------- 작가님께

(자기소개부터 이러쿵저러쿵)

본론으로 들어가서 한 가지 여쭐 것이 있습니다. Impressionism(인상파)은 이처럼 시종일관 대문자로 시작하셨어요. 그런데 이걸 제외한 다른 미술 양식이나 미술 운동을 보면 딱히 의도하신 바가 없이 baroque(바로크), classic(고전파), romantic(낭만파), cubist(입체파 미술가), modern(근대) 들의 첫 글자는 대문자이기도 했다가 또 어떨 땐 소문자이기도 합니다. 『시카고 매뉴얼』에 따르면 소문자로 표기해야 합니다. 만약 작가님께서 특별히 마음에 두신 의견이 있다면 제가 이 작업을 시작하기 전에 알려주시기 바랍니다.

초반에 이런 질문을 하는 것은 당신이 세심한 주의를 기울여 작품을 다듬겠다(조심성)는 믿음을 작가에게 심어주는 데 도움이 된다. 말없이 편집자 임의대로 결정 내리는 일은 없을 거(투명성)라고 작가를 안심시킬 수도 있다. 작가의 말에 귀를 기울이고 대화를 통해 결정해나가겠다(융통성)는 의지를 보여주는 계기도 된다. 이외에도 작업 초반에 질문을 던지면 얻을 수 있는 이점이 아주 많다. 작가의 반응을 통해 당신은 작가의 태도와 취향에 대한 중요한 정보를 얻을 수 있고, 작가가 직접 어떤 요구를 하거나 의문 나는 점을 물어오면 당신은 편집자에 대한 작가의 태도를 엿볼 수 있다. 즉, 자신의 작품에 빨간 펜을 가져다 댈 편집자인 당신을 작가가 얼마나 느긋하면서도 조심성 있는 태도로 대할지, 앞으로 당신이 보낸 이메일에 얼마나 신속히 답장할지, 작가가 무뚝뚝한 편인지 말이 많은 편인지 아니면 재미있는 편인지도 파악할 수 있다. 아무튼, 위의 예 같은 경우라면 적어도 다음과 같은 수고는 덜 수 있다. 원고를 넘기기 전에 작가가 꼼꼼히 확인해서 적어놓은 것들을 당신이 묻지도 않고 단어 첫머리를 전부 소문자로 바꿔버렸다 치자. 나중에라도 작가의 요청에 따라 다시 원상태로 돌려놓아야 하는 일이 생기면 당신은 같은 낱말들을 일일이 다시 찾아내야 할 것이다. 나 역시 위와 같은 선택의 갈림길에 놓였던 적이 있다. 모든 결정 사안을 전적으로 나한테 맡기려는 어느 유명한 작가의 의도를 파악하고 충동적으로 이런 이메일을 보냈다. "사실 저는 이 문제에 대해서 작가님이 둘 중 하나를 콕 집으신 다음, 이거 아니면 안 된다고 해주시길 은근히 바랐어요. 고집스러운 보스처럼요." 그 작가는 "고집스러운 보스가 되어 볼 수 있었는데 기회를 놓쳤군요. 아쉽습니다"라고 답했다.

만약 당신이 프리랜서라면 해당 프로젝트에 관한 당신의 역할은 작가와 편집에 관련된 일을 마무리하는 선에서 끝난다. 이런 상황에서 당신이 작가에게 확실히 심어주어야 할 것은 편집에 관한 결정은 잠정적인 것이므로 앞으로 발생할지 모를 사안에 대해 얼마든지 함께 논의하겠다는 당신의 의지이다. 당신이 어느 기관에 소속된 편집자로서 제작 과정 동안 해당 프로젝트를 계속 살필 수 있다면 작가가 요구하는 그 어떤 사항에 대해서도 힘껏 도와줄 준비가 되어 있다고 설명하라. 만약 작가가 자신의 숙모가 대신해서 계약서를 다시 쓰겠다고 한다거나, 일곱 살 난 자기 아이가 그린 그림을 삽화로 활용하고 싶다고 해도 '그럴 수 있을지 확신은 못하지만 일단 알아보겠다'라고 답하라. 그런 다음, 당신은 작가의 요구를 매우 성심성의껏 전달하기만 하면 된다. 이 요구를 직접적으로 거절할 책임이 있는 사람들에게.

지금 당장 길러야 할 여섯 가지 습관

편집할 준비가 되었다면 잠깐 숨을 고르자. 새 원고를 읽기 시작하는 순간엔 가슴이 설레게 마련이다. 지금까지는 일이 순조로웠다. 원고에 해를 입힐 새도 없었다. 무엇보다도 작가가 당신을 믿고 있다. 지금이야말로 '좋은 습관 여섯 가지'를 되짚어봐야 할 순간이다. 그러면 지금 이 꿀처럼 다디단 분위기를 작업 내내 이어갈 수 있을 것이다. 아니면 적어도 나중에 문제가 발생했을 때 사태를 쉬이 수습할 수 있을 것이다.

1. 먼저 묻되, 잘 물어라. 원고에 손을 대기 전에 먼저 작가에게 몇 가지 질문을 던짐으로써 얻을 수 있는 이점에 대해서는 당신도 나와 같은 생각일 거라고 본다. 질문하는 과정에서 당신의 능력을 드러낼 수 있고 나중에 해야 할 일을 미리 줄이는 효과도 있으며 질문에 대한 작가의 답을 통해 작가의 성격과 성향을 미루어 짐작할 수도 있다. 그러나 이외에도 작가와의 관계를 관리한다는 측면에서 상당한 이점이 있다. 작업 초기에 묻는 질문들은 적대적이기보다는 우호적인 분위기를 조성해준다. 그러므로 설령 본인의 눈을 믿을 수 없을 만큼 형편없는 원고라고 해도 부정적인 어투보다는 긍정적인 어투로 질문하는 것이 좋다. 게을러빠진 바보 같은 작가라든지, 원고가 기대에 못 미친다는 등 당신의 은밀한 생각이 드러나는 표현은 삼가라. "작가님의 문체는 단락마다 바뀌는 것 같습니다. 특별히 의도하시는 바가 있어서 그러신 것으로 생각할게요"라거나 "죄

송합니다만 작가님의 스타일을 이해하기가 쉽지 않네요. 설명을 좀 해주시겠어요?"라는 식으로 쓰지 않도록 하라. 미리 질문해서 소 잃고 외양간 고칠 일을 미연에 방지하는 이점에 대해서는 언급할 필요가 없겠다. 대신 나중에 좀 더 자세히 살펴보자.

2. 지나칠 정도로 숨기지 마라. 컴퓨터로 편집을 한다면 아마도 트래킹tracking이나 레드라이닝redlining으로 불리는 특정 기능을 사용할 것이다. 이런 기능을 사용하면 해당 문장의 수정 전후를 살펴볼 수 있다. 예를 들어, 덧붙일 표현이 있을 때는 해당 낱말에 밑줄을 긋는다. 이렇게. 만약 삭제할 부분이 있다면 해당 낱말이나 구절 위로 줄을 긋는다. ~~어떻게.~~ 이런 기호는 원하는 대로 붙였다 지웠다 할 수 있기 때문에 해당 구절을 '조용히' 바꿀 수 있다. 트래킹 기능을 사용하면 된다. 굳이 논의할 필요가 없는 사안들 중에서 어떤 것은 트래킹 기능으로도 지적하기가 쉽지 않다. 작가가 실수로 두 낱말 사이를 두 칸이나 세 칸 띄운 것을 편집자가 한 칸으로 줄인 것이 이런 경우에 해당한다. 이럴 땐 조용히 처리해도 괜찮다. 원고의 복사물 위로 빨간 줄이 난무한다 해도 눈으로 읽을 수 있을 정도는 되어야 하니까. 트래킹 기능을 사용해서 하이픈을 지울 수도 있지만 화면으로 봤을 때 헷갈릴 수가 있다. 이런 경우는 당신이 말없이 고친다고 해서 큰일이 나지는 않는다. 그렇지만 적어도 작업 초기에는 이

런 사안을 별도로 기록하는 것이 낫다. "끝에 'ly'가 붙는 부사의 경우, 여기서부터는 별도의 표시 없이 하이픈을 삭제했음" 정도면 좋다. 이처럼 별도의 표시 없이 수정한 부분의 기록을 모아서 목록을 작성한 다음, 편집 원고에 첨부하라.[1] 또한 커버레터를 통해서 작가에게 편집 원고를 살핀 후 탐탁지 않은 부분이 있으면 알려달라고 하라.

  3. 기습적인 일은 삼가라. 편집자가 말없이 몰래 고쳐버리는 식의 편집을 하지 않는다면 작가 입장에서는 기습적으로 언짢을 수도 있을 일이 하나는 줄어든 셈이다. 그런데 편집 내용과 관계없는 일로도 무방비 상태의 작가를 놀라게 할 수 있다. 작가가 고릴라에 관한 표지 기사 취재차 전화도 안 터지는 중앙아프리카의 오지로 2주간 떠나려는 찰나에 당신이 작가에게 원고를 보내는 경우가 그렇다. 삽화를 넣겠다는 작가의 계획을 당신이 교정쇄를 검토하는 단계에 이를 때까지도 모르고 있었다면 이 경우도 여기에 해당하겠다. 실제로 내 동료가 어느 저자와 최근에 주고받은 이메일 일부이다. 저자는 색인을 자기가 책임져야 한다는 것을 알고 무척 놀랐다.

---

[1] 이때 포함시키면 좋을 다른 사안에는, 여러 개 찍힌 반점을 고친 것, 접두사 다음에 온 하이픈을 지운 것, 그리고 숫자 안에 있던 하이픈을 대시(en dash)로 고친 것 등이다. 나는 내가 이런 사안을 결정할 때 『시카고 매뉴얼』과 어느 특정 사전을 참고했다고 커버레터에 밝힌다.

저자: 색인이요? 전에 제가 보내지 않았나요?

편집자: 보내주신 건 색인에 들어갈 용어의 목록이었어요. 그런데 그것도 쪽수를 붙여주셔야 해요. 전에 제가 말씀드린 양식에 맞춰서요. 이 작업을 하시려면 원고의 페이지를 일일이 확인하셔야 할 거예요. 유감스럽게도 이건 자동으로 해결이 안 됩니다.

저자: 그럴 리가요. 어째서 자동으로 해결이 안 된다는 겁니까? 원고를 전자파일로 가지고 계시잖아요. 왜 그 작업을 일일이 손으로, 그것도 제가 해야 하는 거죠?

이 모든 일을 내가 벌써 겪어냈으니, 이제 당신은 그럴 필요 없다. 작가한테 처음 연락을 취할 때, 단계별 마감일을 전부 정리해서 알려주고 마감 일정에 차질이 생길 만한 여행이나 강의 계획이 있는지 미리 물어라. 기사 원고의 편집일 경우, 마감일이라는 것은 전혀 다른 의미를 갖는다. 기사 작성자라면 벌써 이 부분을 숙지하고 있을 것이다. 작가가 교정쇄를 직접 볼 것인지, 색인을 작성할 것인지 미리 확인하라. 만약 작가가 프리랜서를 구한다고 하면 당신이 알아봐줄 수 있다고 하라. 단, 몇 주 정도의 여유는 필요하다. 좀 서두른다고 해서 누가 다치는 건 아니니까. "대개 프리랜서는 예약이 밀려 있거든요. 충분히 시간을 두고 저한테 알려주세요"라고 하자. 편집이 끝난 원고를 보낼 때는 이번이 저자가 원고 내용을 수정할 수 있는 마지막 기회임을 분명히 알려줘야 한다.

4. 진행 상황을 확인하라. 프로젝트를 진행할 때 바로 다음 단계를 작가에게 미리 알려주는 기회를 마련하라. 이런 일에는 이메일이 최고다. "안녕하세요, 안부 여쭙니다. 혹시 편집 원고를 살펴보셨어요? 문제 될 만한 건 없습니까?" 또는 "잘 계시지요? 2~3주 안으로 교정쇄가 나올 건데요. 교정쇄를 읽어주실 여유가 있을지 궁금합니다. 보내드릴 곳의 주소가 '성북구 성북동' 맞지요? 저한테 교정쇄를 7월 17일까지만 돌려주시면 됩니다. 작가님 일정에 무리가 없으면 좋겠어요. 혹시라도 차질이 예상되면 미리 알려주세요" 정도면 충분하다.

내 쓰라린 경험에 따르면, 가끔 어떤 저자는 당신의 소포를 손에 쥐고도 작업할 준비가 될 때까지 열어보지 않는다. 이때는 당신이 마감 일정에 대한 설명을 적어놓은 커버레터도 무용지물이 된다. 한번은 마감 기한이 넘도록 번역가가 교정쇄를 되돌려주지 않기에 슬쩍 재촉할 셈으로 이메일을 보냈다. 그 번역가 왈, "마감일이 언제예요? 보내주신 거 아직 안 열어봤어요." 상황이 이렇다 보니, 택배사에서 소포 배달을 완료했다고 연락을 주는 즉시, 당신은 작가에게 이메일이나 전화로 마감일에 대해서 다시 한 번 언급해야 한다.

이왕 하는 김에 소포의 도착 여부도 작가에게 직접 확인하면 좋겠다. 소포를 받고 누군가가 사인을 했다고 해서 그 소포가 우편물 보관실에 처박혀 있지 말라는 법은 없다.

커버레터를 통해 작가가 해야 할 일을 명확히 설명하고 다음 절차를 위해 작가를 미리 준비시키는 기회를 마련하라. 예를 들어, 작가가 편집 원고를 재확인할 때는 원고 수정을 할 수 있는 마지막 기회라는 것을 작가가 인지하는 것이 중요하다. 당신이 샘플로 놓고 고쳐가며 활용하는 커버레터 양식에도 이 사항을 미리 포함해둬야 한다. "드디어 작가님께서 최종 수정을 하실 기회입니다. 페이지 조판 단계에서 수정하려면 비용도 많이 들고 위험하기도 합니다. 수정하는 과정에서 오히려 실수가 추가로 발생할 수도 있거든요. 게다가 이때 수정한 사항은 다시 검토할 기회가 없습니다"라는 식으로 말이다. 내 전임 상사이기도 한 어느 선배가 어떤 저자에게 쓴 편지를 오래전에 본 적이 있다. 그 일부는 이랬다. "제 얘기가 권위적으로 들렸다면 미안합니다. 하지만 가능하면 불상사는 미리 방지하는 것이 좋잖아요." 나는 이걸 베껴놓고 현재까지도 활용하고 있다.

5. 직업상 거리를 유지하라. 작가와 당신의 마음이 서로 잘 통하면 업무 관계에서 친구 관계로 기울어질 때가 분명히 있다. 그런 관계에서 등을 돌리라고는 하지 않겠다. 그러나 작가와 일을 하는 사

이인 것과 작가와 친구 사이가 되는 일은 다르다는 점을 지적하고 싶다. 당신이 작가의 원고를 다루고 있는 한, 당신이 우선으로 살펴야 할 사람은 독자다. 작가와 직업상 약간의 거리를 두는 것이 당신의 임무를 수행하는 데 훨씬 용이할 때가 있다. 물론 작가가 편집자와, 뭐랄까, 사적인 인간관계를 맺으려고 애쓴다는 소리를 들은 적도 있다. 어떤 저자는 내 동료 편집자의 이름이 새겨진 하트 모양의 가짜(이 편집자는 가짜라고 믿고 싶어 한다) 문신을 하고 사진을 찍어서 보내기도 했다. 다른 동료는 "네가 너무 잘해주면 오히려 널 이용하려고 들어"라고 내게 충고하기도 했다.

이런 맥락에서 볼 때, '밥Bob'이라는 이름 대신 'Mr. Surname(아무개의 성을 뜻함—옮긴이)'처럼 성을 이용해서 상대를 부르는 것에서부터 당신의 직업의식은 출발한다. 내가 몇몇 젊은이와 얘기해본 결과, 이들은 이런 호칭이 그 옛날 공룡이 살던 시절에나 통하던 것이라고 생각하는 듯하다. 그런데 명령을 내리는 위치에 있는 사람들은 실제로 공룡만큼이나 오래전 사람들이 아닌가. 공룡을 건드려서 좋을 건 없다. 만약 아무개Mr. Surname 씨가 답장 끝에 자신의 성을 빼고 이름만 써서 '밥'이라고 한다면 그때부터는 그냥 이름만 불러도 괜찮다. 내 동료 하나는 미국 남부 출신의 고상한 작가한테 푹 빠졌는데 그 사연은 이렇다. 지난 수개월 동안 일정 거리를 유지하면서도 끈끈한 협조의 태도를 보여온 이 작가가 "이 정도 시간을 함께했으니, 저는 편집자님을 그냥 레아Leah라고 부를 수 있을 것 같아요. 편집자님께서 저를 보우가드Beauregard라고 불러주신다면요"라고 했단다.

이메일을 관리하는 법은 뒤에 가서 더 이야기하겠다. 일단 프로다운 품위 유지의 측면에서 작가가 질문하면 그 답을 알든 모르든 바로 답장을 보내는 것을 철칙으로 삼아라. 당신이 귀 기울이고 있다는 것을 작가에게 알리는 데는 몇 초밖에 걸리지 않는다. 예를 들어, "베스에게……. 아직은 잘 모르겠어요. 빠른 시일 내에 확인해서 알려드릴게요" 정도면 된다. 그런 다음, 확인이 늦어지는 것에 대해서는 마음껏 사과하라. 훨씬 더 긴급한 사안 세 개가 동시에 마감일에 걸려 꼼짝 못하고 있는 당신의 심정을 호소할 상대는 집에 있는 개이지 베스가 아니다. 베스한테는 확인하는 데 시간이 오래 걸려서 미안하다고만 하라. 적어도 사무실에서는 우는소리를 하지 말 것.

위와 같은 상황에서 필요 이상으로 설명을 붙이는 것은 그리 좋은 생각이 아니다. 그렇게 하는 것은 반직관적이다. 이럴 때 사람은 우선 상대를 진정시키고 동시에 자신을 방어하려고 든다. 상대의 동조를 구하기 위해서 자신의 입장을 설명하려 한다. 그러나 구체적으로 설명을 하면 할수록 상대에게 반박할 거리를 내주는 꼴이 되고 만다. 단호하되 막연한 것이 낫다. 엄청난 창피함을 무릅쓰고 지극히 개인적인 내 경험을 예로 들겠다. 대신 당신은 (1) 나와 같은 실수를 하지 말고, (2) 단 일 분이라도 좋으니, 내가 완벽하고 침착하고 아주 행복한 편집자인 척하지 않는다는 사실을 알아주기 바란다. 현실은 이와 정반대니까. 나는 늘 뒤죽박죽이다. 그렇게 깨지면서 배운다.

자, 언제 있었던 일인지 밝히기 싫을 만큼 아주 최근에 내가 작성한 이메일이다. 웨비나webinar(웹web과 세미나seminar의 합성어. 웹상에서 이뤄지는 온라인 세미나—옮긴이) 주최자가 참석을 요구했지만 결국엔 참가가 힘들다고 판단을 내린 후에 작성한 것이다. '웨비나'라는 단어를 보자마자 별 볼 일 없다는 것을 눈치챘어야 했다.

'사전' 버전 : 거트루드 씨, 정말 죄송합니다. 말씀하신 웨비나 행사는 제 능력으로는 무리일 것 같습니다. 실은 거트루드 씨의 기대에 부응하기엔 제가 기업체 사정에 대해 아는 바가 없다는 생각을 처음부터 했습니다. 그런 제 우려가 현실로 나타났습니다. 거트루드 씨는 제가 슬라이드를 당연히 준비해두었을 것으로 여기셨는지 제게 슬라이드에 대한 언급을 전혀 안 하셨습니다. 제 머리로는 수백만 년이 지나도 슬라이드 같은 건 절대로 생각을 못했을 겁니다. 저는 지금껏 슬라이드를 만들어본 적도 없고 슬라이드를 활용해서 제 의견을 효과적으로 전달하는 방법도 모릅니다.

저한테 프레젠테이션을 기대하시는 듯합니다만, 저는 프레젠테이션을 구상할 만한 시간도, 의지도 전혀 없습니다. 죄송합니다. 웨비나를 위해서 저는 예의상 『시카고 매뉴얼』에 대해 간단히 이야기하는 데 동의를 했습니다만, 표현법에 관한 편집의 중요성을 몇 분 정도 이야기하는 것 이상은 무리라고 강조했습니다. 좀 더 솔직히 말씀드리면 시카고 대학 출판사는 거트루드 씨의 사업 제품에 투자한 바가 없고 저는 무상으로 제 시간을 할애하려했다는 것을 알아주셔야 합니다. 따라서 이 행사를 위해 제가 몇 분 이상의 시간을 투자한다는 것은 사실 잘못된 일입니다. 더군다나 저는 제 업무 외에 다른 일을 생각할 만한 여유가 없습니다. 저는 이쯤에서 그만둬야 할 것 같습니다. 오해를 빚어서 다시 한 번 진심으로 사과드립니다. 주관하시는 행사가 잘 마무리되기를 바랍니다.

그리고 내가 실제로 보낸 이메일은 다음과 같다. '사전' 버전을 읽은 내 상사가 굳은 표정으로 날 찾아와 "길게 설명하지 마세요"라고 한 순간, 나는 아차 싶었다.

'사후' 버전 : 거트루드 씨, 정말 죄송합니다만 지금 제가 맡은 업무의 일정과 책임의 막중함 때문에 아쉽게도 웨비나 행사에 참여할 수 없게 되었습니다. 다른 연설자를 알아보시는 데 아직도 충분한 시간적 여유가 있길 바랍니다. 불편을 끼쳐 죄송합니다. 귀사의 발전을 기원합니다.

6. 일단 "예"라고 하라. 출판계 권력 구조에서 편집자의 위치가 낮기 때문에 좋은 점들은, 아니, 좋은 점 하나는 굳이 편집자가 결정을 내리지 않아도 되는 일이 많다는 것이다. 편집자는 "아니요"라고 말할 필요가 없다. 대신 "물어보겠습니다"라고 하면 된다. 물론 편집자 선에서 그냥 아니라고 해버리고 싶을 때도 많을 것이다. 내가 보기엔 비문법적인데 작가가 자기 뜻대로 하고 싶어 할 때 내 마음은 늘 그런 충동으로 가득 찬다. 그렇지만 작가가 무엇인가를 요청해오면 당신은 적어도 그 요청을 들어줄 것을 고려하라.

최근에 프랑스어 책을 번역한 어느 영국인 번역가는 내가 [that of him who seeks]을 [that of he who seeks]라고 고쳐놓은 것 옆에 'Stet(우리나라에서는 stet 대신 生을 쓴다─옮긴이)'을 붙여놓았다.[2] 나는 다음과 같은 답장을 보내서 설명해달라고 부탁했고 진심으로 작가의 답을 들을 준비가 되어 있었다. "142쪽 'that of him who seeks'를 제가 'that of he who seeks'로 바꾼 것에 대해 동의하지 않으신 게 맞습니까? 프랑스어 표현이 비문인 것도 아니던데

---

2 'Stet'은 라틴어로 '그대로 서 있게 하라'라는 뜻이다. 편집자가 고친 것을 작가가 원래대로 돌리고 싶을 때 편집자의 새 문장 옆에 'Stet'이라고 쓴다. 내가 고친 문장 옆에 'Stet'이 붙은 것은 작가가 내 제안에 동의하지 않는다는 의미다.

요." 그 번역가는 본인이 학교에서 배운 것에 기초한 문법적인 설명을 하면서 혹시 미국식 영어와 영국식 영어의 차이점일 수도 있다고 얘기했다. 그걸 읽는 순간 솔직히 나는 절대 그럴 리 없다고 생각했다. 이런 내 생각을 내뱉는 대신 나는 만약 이 번역가가 옳다면 이 영국식 표현을 수용해야 하나 고민하면서 『파울러스』*를 펼쳤다. 나는 파울러의 지지를 등에 업고 그 번역가를 설득하는 데 성공했다. 그는 멋쩍었는지 이메일에 이런 추신을 붙였다. "저 같은 아둔한 현학자를 상담해주는 장을 하나 넣을까요?" 이 예시를 포함한 많은 사안을 우리 두 사람이 비교적 쉽게 의견차를 극복하고 타협점을 이끌어낼 수 있었던 것은 바로 열린 태도 때문이었다고 믿는다.[3]

모두가 승자

지금까지는 상황이 꽤 장밋빛이다. 당신은 작업을 잘 꾸려왔고 작가는 당신의 유능한 손에서 빚어진 멋진 편집의 결과로 기분이 좋

---

* 파울러스(Fowler's): 영국식 영어의 어법, 발음, 글쓰기에 관해 헨리 파울러(Henry W. Fowler)가 쓴 편집 가이드. 원제목은 『A Dictionary of Modern English Usage』이지만 'Flower's Modern English Usage', 'Flower's' 등으로 불린다.

[3] 나중에 알게 된 사실이지만 실은 문법적으로 그 번역가가 옳았다. (해당 예시는 예외였으니, 나는 무척 운이 좋았던 셈이다.)

다. 다들 원하던 것을 곧 얻게 될 것이다. 독자는 훌륭한 읽을거리를 손에 쥘 것이고 작가는 비평가들의 호평과 인세를 받을 것이며 출판사는 명성과 이윤을 끌어들일 것이다. 편집자는? 얌전히 뒤에 숨어 작업을 잘 끝낸 대가와 훌륭한 문학을 보전하려는 세계적인 노력에 기여한 데에 대한 자긍심을 얻는다.

당신, 방금 "말은 쉽지"라고 했는가? 그렇다면 그것은 작가와 조심성, 투명성 그리고 융통성 있는 대화를 하려면 어떻게 해야 하는지, 프로젝트가 한창 진행 중인 상황에서 위에 언급된 모든 습관을 유지하려면 어떻게 해야 하는지 당신이 궁금해한다는 뜻이다. 지옥에서 방금 날아온 것 같은 원고를 다루는 요령은 말할 것도 없다. 다음 장에서 더 자세히 살펴보자.

A 차림표가 잘못되긴 했습니다만, 그래도 엔칠라다를 맛보시려면 그 책임자를 건드려서 득 될 일은 없겠는데요.

3장
몸은 작가, 마음은 독자와 함께
조심성, 투명성, 융통성 기르기

Q 『시카고 매뉴얼』 편집자님들, 편집 과목 교수님께서 이런 말씀을 하셨어요. "좋아하는 편집 매뉴얼을 처음부터 끝까지 여러 번 읽어라. 거기에 나온 규칙을 전부 암기할 수는 없지만, 나중에라도 글을 읽다가 이상한 게 눈에 띄면 아마 그 매뉴얼에서 본 듯한 생각이 들 것이고 그러면 그 매뉴얼을 다시 뒤지면 된다"라고요. 『미국 연합통신 스타일북』(400쪽밖에 안 되거든요)을 이런 식으로 공부했는데 교수님 말씀이 딱 맞더군요. 제 문제는 처음부터 끝까지 여러 번 읽기엔 『시카고 매뉴얼』이 너무 두껍다는 겁니다! '어, 이거 『시카고 매뉴얼』에서 봤는데!'라는 생각이 들 정도가 되려면 『시카고 매뉴얼』을 어떻게 공부해야 하는지 알려주세요.

2장에서는 조심성, 투명성, 융통성이야말로 편집의 깨달음에 이르는 길이라고 했다. 이 세 가지가 편집자와 작가 모두에게 어떤 식으로 도움을 주는지 자세히 살펴보자.

조심성

　지금 자신이 무엇을 하고 있는지 모른다면 아무리 조심해봐야 부질없는 일이다. 태도가 지나치게 조심스러운 어느 젊은 편집자의 작업을 내가 감독한 적이 있다. 이 편집자는 출처를 밝히는 인용문에서 작가 이름과 날짜를 구별(에드워즈, 1981)하려고 무려 천 개나 되는 반점을 찍었다. 만약 이 편집자가 반점 대신 『시카고 매뉴얼』을 살펴보는 데에 그만큼 신경을 썼다면 굳이 이런 반점은 찍지 않아도 된다는 사실을 알았을 것이다. 『시카고 매뉴얼』과는 상관없이 편집에 관해 조금만 더 알았더라도 반점 없이 그냥 두기로 했을 것이다.

　즉, 내가 말하는 조심성은 지식을 뜻한다. 만약 당신이 요즘 유행하는 편집 양식과 문법의 경향이나 규칙에 무지하다면 당신은 원고를 살필 때 놓쳐서는 안 될 세부 사항을 놓치거나 굳이 신경 쓸 필요 없는 곳에 세심한 주의를 기울이게 된다. 원고를 읽는 일이라면 당신은 세상에서 가장 꼼꼼한 사람일 수 있다. 그러나 편집계의 최근 동향을 알지 못하면 결국 당신은 눈에 불을 밝혀야 할 부적절한 표현을 지나치게 되고 그런 사실도 모른 채 마냥 신 나게 원고를 읽어 내려갈 것이다. 조심성을 위한 첫 단계는 당신의 매뉴얼을 학습하는 것이다. 그것이 『시카고 매뉴얼』처럼 두툼한 책이라면 조금씩 서서히 읽되, 늘 곁에 두고 필요할 때마다 찾아보는 버릇을 들여라.[1] 일터에서 정해준 지정 매뉴얼이 없다면 본인 마음에 드는 것을 학습하라. 편집이 생소한가? 이렇게 주문을 외워라. "원고에 해는 입히지 말자. 원고에 해는……."

잊지 마라. 귀중한 지식의 보고는 당신의 작가 안에 있다. 당신의 매뉴얼에 대해서는 작가가 모르는 게 많을 수 있지만 두 가지 분야에서만큼은 작가가 당신보다 전문가다. 책의 저자는 주제와 예상 독자의 지식수준을 알고 있다. 편집 업무란 작가에게 맡겨야 할 사안이 있게 마련이고 그렇게 해도 편집자의 신용은 떨어지지 않는

---

1 다음은 매뉴얼 학습법에 관한 구체적인 도움말이다. 『시카고 매뉴얼』 길라잡이 같은 강의가 있는지 물은 어느 독자에게 내가 제시한 답의 일부다.

A: 『시카고 매뉴얼 더미즈(Dummies) 시리즈』요? 제가 알기론 없어요. 있을 법도 한데 말이죠. 너무 걱정 마세요. 아주 세밀한 것까지 신경을 써야 직성이 풀리는 타입이 아니라면 『시카고 매뉴얼』의 일부는 그냥 넘어가도 돼요. 참고할 일이 드물 테니까요. 대신 매뉴얼 안에 무엇이 있는지, 나중에 필요할 때마다 어떻게 찾아볼 것인지를 고민해보는 것이 더 중요해요. 암기가 목적은 아니죠. 작업 전 원고 준비 과정과 편집에 관한 장부터 대강 읽어보세요. 현재 진행 중인 일에 적용하고 싶다면 자세히 읽으시고요. 그런 다음, 문장부호와 철자에 관한 장을 살펴보세요. 각 장의 처음에 소개되는 세부 차례부터 꼼꼼히 읽으세요. 다시 얘기하지만, 중요한 것은 다양한 해결책을 전부 머릿속에 넣는 게 아니라, 본인의 작업과 관련된 사안을 학습하는 거예요. 이름과 용어에 관한 장은 꼼꼼히 살피세요. 그래야 나중에 필요할 때 찾아볼 생각이 들 거예요. 이름과 용어에 관한 장에서 특히 '제목(Titles of Works)' 부분은 시간을 충분히 갖고 익히세요. 숫자에 관한 장은 우선 세부 차례를 읽어보시고 관심이 있으면 본문도 보세요. 『시카고 매뉴얼』의 전체 목차와 각 장 앞의 세부 차례를 참고하셔서 본인의 작업에 적용할 만한 사안이 어디에 있는지 파악하세요. 그러고도 기운이 남으면 문서 분류에 관한 장에 도전하세요. 이 장이야말로 편집자들의 진짜 놀이터거든요. 그 뒤로는 알 필요가 있는 사안이 생길 때마다 매뉴얼을 찾아보면 돼요. 『시카고 매뉴얼』을 흥미진진한 책처럼 읽으시는 분도 있고 브라우징 하듯 보시는 분도 있어요. 인터넷 판으로 가지고 계신 분들은 특히 그렇죠.

다. 편집자의 신용은 요루바 족의 언어에 유창한 척할 때나 떨어지는 것이다. 그렇다고 해서 "저희로서는 요루바 족의 말을 확인할 방도가 없다는 걸 잊지 마세요"처럼 모든 일을 작가한테 넘겨서는 안 된다. 맡은 바 책임은 다하라. 작가가 꼼꼼히 작업을 했는지 주의 깊게 확인하라. 필요하다면 다음과 같이 옆구리를 쿡 찌르기도 하라. "요루바 낱말을 전부 확인해주세요. 같은 단어인데 발음 구별 부호를 다양하게 표기하셨네요. 여러 낱말을 묶어서 한 낱말로 표기하는 방법도 여러 가지고요. 일부러 그러셨는지는 모르겠지만 저로서는 다음 낱말들을 구별할 길이 전혀 없어요. [orí kí, oríkí, òrí kì, oríkì]. 용어 첫 글자의 대·소문자 표기 방법도 각기 달랐고요. 제가 말씀드린 부분을 생각하시면서 우선 용어 정리glossary를 작성해주세요. 용어 정리가 끝나면 그것을 토대로 본문에 나오는 용어와 비교·대조를 해주시길 바랍니다. 제가 작성한 참고 문헌용 서식 시트를 동봉합니다."

관련 분야와 대상 독자에 관한 작가의 지식은 믿어야 하지만 문법과 편집 양식의 세부 사항까지 작가가 꿰고 있을 것으로 넘겨짚지 마라. 당신의 수정안이 얼마나 현명한지 작가가 바로 알아줄 거라고 기대해서도 안 된다. 당신이 수정을 하면 작가가 무지해서 퇴짜를 놓을 것 같은가? 그렇다면 원고에서 당신이 처음으로 수정하게 된 낱말이나 표현을 예로 들어 그 이유를 설명하라. 여러 번 반복되는 낱말이나 표현이라면 더더욱 그래야 한다. "『시카고 매뉴얼』을 보면 'the board'는 이렇게 소문자로, 'Board of Trade'는 이렇게 대문자로 표기함. 이하 별도의 설명은 생략" 정도면 좋다. 원고 전체에 걸쳐 광범위하게 드러나는 문제일 경우에는 커버레터를 통해서 아래처럼 미리 작가에게 사실대로 얘기할 수도 있다.

제가 낱말의 선택이나 철자에 관해 질문을 드릴 때는 사전을 통해 정확히 확인할 수 없기 때문입니다. 전문 기술 용어의 경우에는 원하시면 해당 낱말 옆에 'stet'을 남기세요. 일반 독자들도 헷갈릴 만하다고 판단되는 낱말은 '용어 정리'에 포함시키면 어떨까 싶습니다. 저는 가능하면 초보자를 위해서 되도록 많은 용어를 실었으면 좋겠습니다만 고수들이 짜증 내는 것은 원하지 않습니다. 작가님께서 결정하세요.

이런 식으로 작가에게 내가 관심과 배려의 태도를 갖추고 있음을 알리려고 노력한다. 동시에 편집 업무와 관련된 사안을 식별해내고 최적의 선택을 위해 충분한 근거를 들어 내 의견을 제시하기도 한다. 그러나 책의 주제와 대상 독자에 관한 작가의 지식이 무엇보다도 중요하다.

그렇지만 분명한 사안에 대해서는 자신을 낮추거나 일일이 설명하지 않아도 된다. 사실 설명은 좀 줄일 필요가 있다. 작가의 입장에서는 편집이 필요한 이유를 구구절절 읽는 게 지루한 일이다. 편집자 스스로 자신의 불안감을 실토하는 듯한 결과만 가져올 뿐이다.

편집 양식 및 문법에 관한 당신의 지식과 전문 분야 및 독자에 관한 작가의 지식을 균형 있게 사용하는 방안에 대해서 한 가지만 더 이야기하겠다. 편집자로서 당신이 맡은 바 임무를 다하고자 한다면 독자로서의 당신의 경험을 십분 살려라. 작가에게 질문하거나 설명할 때에는 망설이지 말고 그 경험을 참고하라. 지금까지 살면서 당신은 신문과 잡지, 책, 인터넷 글 등을 읽었고 이런 읽을거리에서 뜻이 모호하거나 앞뒤가 맞지 않는 표현을 많이 봐왔다. 그럴 때마다 당신은 설명을 덧붙이거나 다시 고쳐 써서 말하고자 하는 바를 더욱 분명하게 표현하라고 작가에게 요구하고 싶었을 것이다. 이번이 그 기회다. 당신이 내민 수정안이 왜 불필요한 것이 아닌지를 콕 집어 설명하라. "스탠폴Stanpole이 누군지 아직 소개하지 않았기 때문이에요" 또는 "여기서 잠시 멈칫했습니다. 'picture'를 동사로 봤거든요"처럼 간단히 설명해도 충분하다. 박학다식한 일반 독자에게 도움이 될 만한 수정안을 제시하려면 적절한 선에서 독자로서의 경험을 활용하라.

투명성 ┃ 속을 다 보여주는 문서

앞에서 이미 투명하게 편집한다는 것에 대해 여러 예를 가지고 충분히 살펴보았기 때문에 여기서는 간단히 정리만 하겠다. 편집자는 앞으로 자신이 할 일을 미리 작가에게 알려주고 확실치 않은 부분은 작업 시작에 앞서 미리 물어보도록 한다. 본문 편집 중에 수정한 부분은 워드프로세서의 트래킹 기능을 사용해서 원고에 정확히 표시를 남긴다. 편집자 본인이 임의로 결정한 사안은 따로 설명을 붙이고 편집 원고를 보낼 때 함께 보내는 편지나 서식 시트에 간단히 요약하도록 한다. 투명성은 편집 시작 전부터 끝까지 계속해서 요구된다. 그리고 이 모든 단계에서 작가의 참여가 필요하다. 투명성의 목적은 그야말로 작가의 협조를 구하는 데에 있다. 편집자 혼자서 편집을 진행하고 본인의 결정을 기정사실화해버린 완성 원고를 건네줘서는 안 된다.

많은 편집자, 특히 프리랜서 편집자들은 원고를 편집하는 동안 작가와 직접 대화를 하거나 이메일을 주고받을 기회가 없을 수도 있다. 대신 중재인이 있게 마련인데 그렇다고 해서 프리랜서 편집자는 편집 과정에서 작가를 배제해도 된다는 뜻은 아니다. 비록 작업 진행을 위해서 일방적으로 결정을 내려야 할 처지이긴 하지만 프리랜서 편집자도 조심성, 투명성, 융통성을 작업 내내 습관처럼 적용할 수는 있다. 상대가 당신을 감독하는 편집자이건 직장 상사이건 혹은 일감을 중개해준 에이전트이건 간에 대개는 당신에게 서비스를 요청한 사람이 있을 테고, 이 사람은 당신이 중요한 결정을 내리는 데 도움말을 주거나 당신 대신 작가에게 물어봐주는 작가의 대리인과 같은 역할을 하기 때문이다. 최종 정리 단계에 이르러 검토가 끝난 편집 원고를 작가가 당신에게 다시 돌려주면 당신은 드디어 작가의 반응을 확인할 수 있다. 추가로 덧붙이거나 수정할 사항은 이때 정리하도록 하자. 만약 당신이 작업 중에 조심성, 투명성, 융통성의 자세를 유지했다면 작가가 당신의 편집을 받아들일 확률은 더 높다. 그러면 최종 정리 단계에서는 의견을 조율할 일이 별로 남지 않는다.

융통성 I 스타일은 스타일일 뿐이다

세 가지 미덕 중에서 편집자가 갖추기 가장 힘든 것은 바로 융통성이지 싶다. 조심성은 말하지 않아도 알아서들 잘한다. 편집자는 본래 꼼꼼하니까. 편집할 때 조심하라는 소리를 들으면 편집자 입장에서는 되레 기분이 상할 수도 있다. 투명성은 레드라이닝 기능을 사용해서 아주 쉽게 해결할 수 있다. 그런데 수년간 Q&A 앞으로 날아온 편지를 읽어본 경험상, 편집에 관한 결정 과정에서 이 '융통성'을 유지하기란 매우 어려워 보인다. 편집자의 신념을 몽땅 단념하는 것만 같기 때문일까? 규칙을 익힌 다음, 그 규칙을 지키려고 쭉 애를 썼는데 결국 작가의 반대에 부딪힌다면 맞서 싸우고 싶은 것이 인지상정이다. 자신의 명예가 달린 문제니까. 전문가로서 자신의 자존심이 걸린 문제니까. 그리고 약간은 '누가 더 센가' 하는 문제이기도 하니까. 독자들이 Q&A 섹션에 보내는 질문은 흔히 "이 저자가 고집을 피우는 부분은⋯⋯"이라고 시작한다. 이것은 해당 독자가 기 싸움에 휘둘리고 있다는 뜻이다. 사람은 저마다 나름대로 기준이 있게 마련인 것을.

상대의 의견을 고집이라고 결론짓는 이런 융통성 없는 자세를 어떤 식으로 바로잡을 것인지 살펴보자. 이 과정에서 편집자가 잃을 것은 전혀 없다. Q&A 섹션에 올라오는 질문으로 보건대, 초보자에게 문제가 되는 것은 문법이나 문서 분류보다는 스타일, 즉 편집 양식이다. 어떤 스타일이 '옳은 것'인지 밝혀달라고 부탁하는 독자들이 대부분을 차지한다. 예를 보자.

Q 제 작가가 [The board voted unanimously(이사회는 만장일치로 결

의했다)]와 같은 문장에서 'board'의 첫 글자를 대문자로 씁니다. 이게 틀린 거라고 제발 말씀 좀 해주세요.

Q 『시카고 매뉴얼』에 설명된 대로 저는 잡지 인용문에서 콜론 다음에 빈칸을 두고 싶지 않습니다. 그런데 작가가 자꾸 반대하네요. 제가 옳은 스타일을 지킬 수 있도록 저한테 힘을 좀 실어주실 수 있나요?

Q 이제 막 작가한테서 편집 원고를 돌려받았어요. 접두사가 쓰인 낱말 안의 하이픈, post-industrial(후기 산업의), pre-war(전쟁 전의) 등을 저는 다 지워놓았는데 작가가 그걸 전부 다시 살리라는군요. 저는 한 단어로 붙여 쓰는 게 옳다고 알고 있는데 작가가 가진 사전에는 하이픈이 붙어서 나오나 봅니다. 무척 혼란스럽네요. 그새 규정이 바뀐 건가요?

위의 질문들을 통해서 우리는 이 편집자들이 스타일 규정(문장부호, 대·소문자 표기법, 하이픈 사용법, 자주 활용되는 철자법, 인용문의 출처를 밝히는 법 등)이란 본래 임의적이고 자주 변한다는 사실을 이해하지 못한다는 걸 알 수 있다. 반대로 문법 규정은 꽤 엄격하고 협상의 여지가 매우 적다. 물론 문법도 진화하기는 하지만 그 속도는 무척 느리고 변화에 맞서는 힘이 훨씬 크다.

작가들 틈에서 스트레스를 받는다고 Q&A에 호소하는 경우 그 원인의 대부분은 협상할 수 있는 스타일에 관한 문제와 조정이 불가한 표준 영어 규정에 관한 문제 사이의 차이를 구별하지 못하는 데 있다. 스타일 규정을 한데 묶어놓은 가이드의 종류는 무척 다양하며 『시카고 매뉴얼』은 그 수많은 가이드 중 하나일 뿐이다. 다만 종류가 다른 데는 그만한 이유가 있다. 하나의 스타일 규정이 모든 종류의 글쓰기에 적용될 수는 없다. 예로, 신문에 사용되는 『미국 연합 통신 스타일북』은 일반 대중에 신문을 파는 일을 기초로 한다. 따라서 이 스타일북은 학력이 다양한 독자들에게 다가설 것을 목적으로 사용 어휘를 조절한다. 정치색이 짙은 말은 삼가면서 편파적이지 않고 중립적인 어투를 유지하고자 애쓴다. 신문을 편집할 때 꼭 도달해야 할 다른 목표는 단어 수를 최소화하는 것이다. 신문 지면에서 꼭 필요한 'that'이 빠진 걸 본 적이 있을 것이다. [They maintained the house for years was a haven for crackheads(그 집은 수년간 코카인 중독자들의 은둔처였다고 그들은 주장했다)]. 난 이런 걸 볼 때마다 미쳐버릴 것 같다(독자의 이해를 돕기 위해서는 'maintained'와 'the' 사이에 'that'을 써야 하는데 이 'that'을 생략해버림으로써 한눈에 알아보기 힘든 문장이 되어버렸다는 의미—옮긴이).

아동용 교육 도서를 출간하는 출판사는 그 회사의 출판 목적에 부합하는 매뉴얼을 활용한다. 가장 엄격하게 지켜야 할 준수 사항은 각 학년의 수준에 맞는 단어 목록을 참고하고 한 문장 안에 사용되는 단어 수의 제한을 지키는 것이다.

학술적인 글을 쓸 때 자주 활용되는 실용적인 내용을 수년간 모아온 결과물이 바로 『시카고 매뉴얼』의 지침들이다. 재판을 거듭하면서 더는 도움되지 않는 지침들은 수정을 했다. 최근판에서는 ‘9 January 1930’이라는 날짜 표기 방식을 삭제하고 대신 대부분의 미국인이 쓰는 것처럼 ‘January 9, 1930’의 순서로 표기했다. 그리고 둘째 날을 의미하는 ‘2’는 전처럼 ‘n’를 다시 붙여서 ‘2nd’라고 했다. 바로 이전에 발행된 판에서는 문법보다 스타일을 우선시한 사례도 있었다. 문맥상 단수로 받아야 할 상황에서도 ‘their’의 사용을 허용하자는 생각을 실험적으로 실천한 것이었다. 다음과 같이 성차별적으로 대명사를 골라 쓰는 행위를 피하겠다는 의도에서였다. [Everyone should hold on to their hats*]. 이처럼 다소 경솔했던 사례는 자랑할 만한 일이 아니다. 적어도 각주를 달아 작은 글씨로 표현했다는 것을 이해해주길 바란다. 대시 부호en dash를 없앨 것인가

---

* Everyone should hold on to their hats (다들 자신의 모자를 꼭 붙들어야 한다.): 이런 경우, ‘their’ 대신 ‘his’를 사용해왔으나 요즘은 ‘his’, ‘her’ 또는 ‘their’도 허용한다.

1부 독자를 생각하며 작가와 더불어 일하기

에 관한 언쟁은 끝이 없다. 1906년 초판이 발행된 이래로『시카고 매뉴얼』이 늘 해온 이야기가 있다. "이러한 규정과 규칙은 확고부동한 법률과는 달리 늘 변할 수밖에 없다. 이러한 규정과 규칙은 일반적인 경우에 해당하는 것이며 때에 따라 탄력적으로 적용되어야 한다."

중요한 것은 당신의 매뉴얼이, 혹은 학교에서 배운 그 어떤 규정이라는 것이 일단 활용할 수 있도록 당신 눈앞에 존재하다 보니, 당신은 독자를 위하는 마음에 일관성을 유지하려고 그 매뉴얼을 계속 따르게 된다는 사실이다. 그렇게 뭔가를 쭉 따라갈 때 자신은 혼란을 덜 경험하기 때문이다. 매뉴얼을 학습하는 이유는 문맥에 숫자가 나올 때마다 "음…… 숫자네. 이걸 우리말로 풀어쓰나, 아라비아 숫자로 쓰나?" 하고 고민에 빠지지 않기 위해서다. 무엇을 선택해야 하는지는 벌써 그 답이 머릿속에 들어 있기 때문에 자신 있게 그 직감을 따르면 된다. 스타일 규정은 그것이 옳기 때문에 따르는 것이 아니다. 독자의 편의를 위해 따르는 것이다.

문법이나 통사론의 규칙만큼 엄격해서 어기면 안 되는 스타일 규정도 물론 있다. 하지만 대체로 스타일 규정은 당신이 생각하는 것보다 훨씬 탄력적이다.[2] 만약 작가가 선호하는 것이 당신이 참아

---

[2] 만약 당신이 전문지나 신문, 잡지를 편집한다면 인용문과 같은 편집 사안에 있어서 당신에게 허용된 융통성의 범위가 매우 좁을 수 있다. 대신 이런 사안 때문에 작가가 당신에게 이의를 제기할 가능성도 극히 낮다.

줄 수 있는 정도라면 그리하라. 그러나 작가의 선택이 해당 문서의 양식에 부적절하다고 판단되면 논쟁을 벌여라. 아마 작가도 당신의 뜻을 이해할 것이다.

문법을 무시하면 작가에게 무능력하거나 무식하다는 인상을 주기 쉽다. 대부분의 작가는 편집자가 문법상의 오류를 잡아내주는 것을 고맙게 여긴다. 하지만 표현 방식에 관한 문제에서는 얘기가 달라진다. 어떤 식으로 표현할 것인가 하는 문제를 다룰 때는 융통성을 부려야만 한다. 이는 당신이 작가와 좋은 관계를 유지할 수 있는 비결이다. 편집에 관해서 마음을 열고 작가의 이야기를 듣겠다는 태도를 보여준다면 작가에게 작업 초반부터 안도감을 심어줄 수 있다. 기분 좋은 출발이지 않은가. 작가와 편집자의 관계를 자식과 부모의 관계와 비교하지는 않겠다. 왜냐, 이 둘은 엄연히 다른 차원의 일이니까. 하지만 현명한 부모라면 자식이 갓난아이건 청소년이건 간에 명령조로 자식을 대하지 않을 것이다. 사람의 삶과 마찬가지로 편집하는 일 역시 '이 문제는 이야기를 더 해봅시다'라는 식의 태도가 상당히 효과적이다. 가끔은 상대가 "나한테도 선택권이 주어지긴 했으니까 그냥 이쯤 해두지"라거나 어떨 땐 "아이고, 머리야. 이 여자는 이 문제로 끝없이 얘기할 태세잖아. 내가 양보하는 게 낫겠어"라고 할 수도 있다.

이쯤 되면 당신은 작가나 작가의 대리인과 함께 일할 준비를 마친 셈이다. 편집자로서 꼭 해야 할 일의 우선순위를 정리했고 작가와 우호적인 의사소통을 위해 적절한 분위기를 마련했다. 길러야 할 좋은 습관도 체득했다. '조심성, 투명성, 융통성' 이 세 가지를 고무 팔찌나 가슴속 어딘가에 잘 새겨놓았다. 따라야 할 매뉴얼을 숙달하고 그 숙달한 내용을 잊지 않기 위해서라면 무슨 일이든 할 각오가 되어 있다. 그 어떤 일에도 맞설 준비가 끝났다.

다음 장에서는 편집자가 제일 두려워하는 것들에 대해 알아보자.

A 『시카고 매뉴얼』을 외운다고요? 안타깝게도 그건 불가능에 가까워요. 우리도 시간이 지나면 어느 부분은 잊어버리거든요. 수학에 관한 장은 맑은 정신으로 끝까지 다 읽은 사람이 우리 중에도 몇 안 될 겁니다. 필요할 때 특정 부분을 찾아보는 데 그치죠. 『시카고 매뉴얼』을 계속 반복해서 읽는 것은 그다지 효율적인 방법이 아니에요. 아주 가끔 활용되는 내용도 무척 많은 데다 특히 요즘은 인터넷 검색까지 가능하니까요. 그냥 읽을 수 있는 만큼만 읽으시고, 암기하려고 애쓰지는 마세요.

4장
감당하기 어려운 '까다로운 작가'

Q 저 좀 도와주세요, 선생님. 문장 맨 뒤에 물음표와 느낌표를 함께 두는 것이 가능하긴 합니까? 지금 저와 작업 중인 작가가 강조법을 너무 자주 사용해서 골치가 아픈데요. 이번엔 아예 문장 맨 뒤에 문장부호 두 개를 떡하니 붙여놨어요.

아주 뛰어난 편집자라도 손쓸 새 없이 험한 꼴을 당하는 경우가 있다. 그러나 보통은 뭔가 일이 꼬일 것만 같은 기운을 미리 감지한다. 이런 감지 능력은 어쩌면 편집자에겐 본능과도 같다. 원고 안에서 부정적인 기운을 느낄 때도 있고 작가한테서 그런 느낌을 받을 때도 있다. 어느 경우든 간에 혹시 모를 사태에 대한 대비책을 준비해놓는 것이 현명하다.

지금껏 내가 편집 생활을 해오면서 까다로운 작가를 만난 것은 합쳐봐야 대여섯 번 정도다. 여기서 '까다로운 작가'란 자신의 원고가 어떤 식으로든 교정되는 것을 마다하거나 교정에 대해 이야기할 마음조차 없는 작가를 뜻한다. 편집자라면 이쯤에서 저마다 딱 떠오르는 얼굴이 있을 것이다. 반점 하나에도 얼굴을 붉혀야 직성이 풀리는 저명한 저널리스트, 글자가 틀렸거나 문장부호를 기괴하게 사용해놓고 이게 전부 시적 영감에 의한 것이라고 고집하는 시인, 종신 재직권을 얻기 위해 난생처음 책을 쓰는 조교수들은 매우 완고하기로 유명하다. 자신의 미래가 달린 문제니까 그 심정은 이해된다. 가장 심각한 문제는 이들이 편집을 감정적인 문제로 받아들인다는 사실이다. 이들은 본인의 원고 위에 적힌 편집자의 붉은 글씨를 칼에 찔린 제 팔의 핏자국쯤으로 이해한다. 자기 직업명을 작게 표기했다고 나무라는 자만심 강한 작가도 있다. 이런 작가는 대개 자신의 사진을 책에 덕지덕지 붙이거나 자기 이름을 굵고 크게 쓰는 것을 좋아한다. 도대체 자기가 무슨 얘기를 하고자 하는지도 잊어버리고 편집자를 부하 취급하거나 전에 고등학교에서 국어를 가르쳐봤다는 걸 들먹이면서 목소리를 높이는 작가들까지 여기서 다 언급하고 싶지는 않다.

한 프리랜서 편집자의 경험담에 따르면 '일부러 애매하게' 쓴 작품이라면서 그 편집자의 교정 제안을 전혀 받아들이지 않은 작가도 있다고 한다. 줄표에 집착한 역사학자의 이야기를 들은 적도 있다. 이 역사학자는 자신의 연구 대상자가 손수 기록한 공책에서 서로

다른 길이의 줄표 일곱 개를 발견하고는 출판할 때도 꼭 그렇게 하
도록 주장했다고 한다. 최근에 내가 교정한 작품을 쓴 철학자는 행
간에 작은 그림 표시(○)〉〉〈〈〈○)를 넣지 않으면 독자들이 자기의 얘기
를 헛소리로 치부할 거라며 안절부절못했다.

　내가 들은 얘기 중에 단연 으뜸은 어느 여성지의 한 프리랜서 편
집자에 관한 것이다. 미국의 유명 디바이기도 한 어느 작가가 요리
법 하나를 도용했는데 그런 사실을 이 프리랜서 편집자가 알아낸
모양이었다. 함께 저녁 식사나 하자고 그 작가를 자신의 집으로 초
대한 바로 그날 저녁, 이 딱한 편집자는 이렇다 할 이유도 없이 숨을
거두었다고 한다.

　겁을 주려고 하는 소리가 아니다. 작가 손에 '죽어나간' 편집자
는 그리 많지 않다. 내 경험에 비춰보면 출판 경험이 많은 작가일수
록 편집자에 대한 아량이 있고 오히려 편집자의 존재를 고마워한
다. 그대로 두면 나중에 곤란해질 수도 있을 일을 편집자가 미리 찾
아준다는 사실을 경험 많은 작가들은 잘 알고 있을 뿐 아니라, 대개
다른 일로도 무척 바쁘기 때문에 작품의 마무리 단계에서 편집자가
나서주는 것을 되레 반긴다. 편집자의 실력이 형편없어서 호되게
덴 적이 있는 작가는 여기서 예외다. 본인은 그런 일이 전혀 없었다
고 오리발 내밀지는 말자.

어쨌건 편집자의 임무는 작가의 약점을 캐내는 것이 아니라 독자를 위해 가능한 한 멋지게 작품을 마무리하는 것이다. 작업 초반부터 작가가 교정에 거부감을 느끼는 것 같으면 원만한 관계를 위해 내가 제시한 방법을 다 동원해서라도 예방 조치를 적극 취해야 할 것이다.

콩알만 한 사항이라도 반드시 짚고 넘어가라

늘 그렇듯이 편집자는 조심성, 투명성, 융통성 이 세 가지를 항상 가슴에 새겨야 한다. 미리 겁부터 내는 작가와 작업하게 됐다면 편집자는 아예 기대를 낮추고 작가의 속도에 발맞춰주는 것이 본인의 고통을 줄이는 길이다. 교정을 볼 때는 극단적이라 할 만치 신중을 기하라. 독자에 관해서라면 편집자 자신보다도 해당 작가가 더 나은 의견을 가지고 있을 수 있다는 점을 늘 기억해야 한다. 오래전 인기가 높았던 미국 굴지의 잡지사에서 나는 주디스 크리스트Judith Crist(미국 영화 비평의 대가—옮긴이) 여사의 영화 칼럼을 담당했다. 열성 팬이 많은 베테랑 작가인 크리스트 여사는 손볼 것 없는 깔끔한 칼럼을 쓴다는 데 대한 자부심이 컸다. 칼럼을 담당하게 될 때까지만 해도 나는 이 작가에 대해 들어본 적도, 그녀의 글을 읽어본 적도 없었다. 크리스트 여사는 독특한 어투를 즐겨 쓰는 데다 내가 무지했던 탓에 우리 사이는 처음부터 삐걱거렸다. 새내기 편집자에게 크리스트 여사의 칼럼을 맡긴 데는 그만한 이유가 있었다는 것을 깨달은 뒤로는 여사의 글에 거의 손을 대지 않았고, 사실 관계 여부만 확인했다. 가끔 의문이 생겨도 슬며시 물어보는 선이었지 다짜고짜 고치려 들진 않았다. 대신 내가 오자나 잘못 기재된 수치를 발견해서 알려주면 여사는 무척 고마워했다. 그러다 낱말이나 문장 선택을 할 때 차츰 내 의견을 제시할 수 있게 되었다. 여사와의 친분은 점점 두터워져서 나중에 일을 그만둘 때는 여사의 친필 편지까지 받았다.

작품에 해를 입히지 않으려면 혹시 나중에 교정 전 상태로 원고를 되돌려야 할 사태를 대비해서 교정 과정을 꼼꼼히 기록해야 한다. 그리고 어떤 결정을 내리기 전에 대화할 의지가 충분히 있음을 작가에게 알려줘야 한다. 교정 작업을 시작하는 시점에서 만약 해당 원고가 손을 꽤 많이 봐야 할 것 같다거나 상당량을 삭제해야 할 필요성이 엿보인다면, 그리고 이에 대한 작가의 반응이 염려된다면 우선 작가에게 허락을 구하는 차원에서 샘플을 보내도록 하자. 교정한 부분이 너무 많아서 작가가 당황할 것을 대비해 교정 과정의 흔적을 일일이 남긴 원고와 교정이 끝난 상태의 깔끔한 원고, 이 두 가지를 모두 출력해서 보내는 것도 좋다. 여기서 나는 우선 상대를 안심시키는 데 주력한다. 샘플은 단지 앞으로의 작업 방향을 확인하기 위한 것에 불과하며 아직 확실히 결정된 사항은 없다고 다음과 같이 말해준다. "교정이 끝난 깔끔한 원고를 먼저 읽어보세요. 한동안 원고를 안 보셨으니 오히려 새로운 기분으로 교정 후 원고가 매끄럽게 잘 읽히는지 확인하실 수 있으리라 생각합니다. 그런 다음 교정 전의 원고와 비교·대조를 해보며 빠진 부분은 없는지 확인해주시기 바랍니다." 만약 편집자의 작업이 적절했다면 작가도 분명히 그렇다고 느낄 것이고, 편집자의 의견이 옳을 때는 작가도 거기에 동의할 것이다. 작가의 반응이 부정적이라면 편집자는 더욱 구체적인 피드백을 작가에게 요청한 다음, 그 결과를 바탕으로 다시 작업하면 된다. 어떤 경우라도 최소한 작가와 우호적인 관계를 꾀해볼 수는 있다.

샘플을 보낸 적이 없는 상태에서 교정이 끝난 원고를 보내는 처지라면 염려되는 부분을 커버레터에 자세히 설명하고 대화를 통해 다시 교정할 수 있다는 점을 거듭 밝혀라. 편집자 본인이 참고한 매뉴얼이나 사전을 알려주면 일관성에 관한 문제를 중재하는 데 도움이 될 것이다. 작가가 모조리 '살려라' 하기 전에 이런 식으로 먼저 선수 칠 필요도 있다. "맞춤법이나 문장 구성, 문체의 일관성

문제가 아니면 되도록 고치지 않았습니다. 특별히 염려되는 부분에서는 간단히 'stet'만 적지 마시고 좀 더 구체적인 대안을 남겨주세요. 그러면 작업 진행에 더욱 도움이 되겠습니다. 만약 특정 부분의 교정 이유가 궁금하시면 언제든지 말씀하세요. 자세히 설명하겠습니다."

특별히 신중을 기하는 길이 하나 더 있다. 요구 사항이 많은 작가는 꼭 그래야 하거나 그럴 수 있는 사안을 빼고는 작가의 요청에 확답을 주지 않도록 각별히 조심하라. 다음은 내가 아는 어느 관리 편집자managing editor한테서 들은 몇몇 편집자에 관한 이야기이다.

밀어붙이기식의 작가를 만난 한 편집자는 이 작가의 전투적인 태도에 못 이겨 별도의 확인 절차도 없이 새로운 장 하나를 추가하기로 약속을 해버렸다고 한다. 삽화 하나쯤은 더 넣어도 좋다고 말해버린 편집자도 있었고, 마감일을 몇 주 늦추는 데 쉬이 동의해버린 편집자도 있다고 했다. 이런 것들은 몹시 큰 과실에 해당한다. 출판 프로젝트에서 장을 추가하는 것과 같은 중요한 사항은 당연히 결정권을 쥔 편집자가 재조사를 해야 할 뿐 아니라, 상호 평가 과정도 면밀히 걸쳐야 한다. 겨우 삽화 하나를 추가하는 사안이 전체 예산안에 큰 타격을 줄 수도 있고 도서 가격에서부터 사용할 디자인 프로그램과 도서 운송 날짜에 이르기까지 영향을 끼칠 수도 있다. 마감일을 몇 주 연기하는 것은 크게 문제가 되지 않을 때도 가끔은 있다. 그러나 보통은 마감일 연기로 인해 해당 도서의 마케팅 계획 전체가 흔들리게 마련이다. 그래서 작가가 마감일을 꼭 지킬 것을 계약서상에 제시하기도 한다. 마감일을 미루고자 할 때는 반드시 프로젝트의 대표 편집자와 상의를 거쳐서 결정해야 한다. 그래야만 프로젝트와 관련된 다른 구성원들까지 배려하게 되고 전체 계획에 차질이 생기지 않는다. 예산이나 일정에 영향을 줄 만한 요청이 있을 때 무조건 '안 돼요'라고 대답하라는 소리가 아니다. '예'라고 할 때는 '신중하라'는 뜻이다.

교정의 동기 살피기

자존심 문제로 속병을 앓는 사람은 작가만이 아니라는 사실을 일깨워줄 필요가 있다. 편집자는 일반적으로 교양 있고 똑똑하다. 자신이 매일 부딪히는 일에 대응할 만한 난해한 지식을 많이 깨우치고 있는 것은 물론, 좋은 결정을 위해서라면 그 어떤 수고도 마다하지 않을 것이다. 그러니 편집자의 제안에 작가가 반기를 들면 처음엔 사적인 감정에 의한 것인 양 모욕감을 느낄 수도 있다. 작가가 원고 위에 무례하게 답을 남기면 편집자는 당연히 약 오르고 화가 난다. "그렇게 쓰고 싶었기 때문에 그렇게 쓴 것입니다"라거나 "아뇨! 제 걸 살리세요!", "이건 틀렸어요. 그러니 되돌려놓으세요"라는 식으로 말하는 작가를 편집자라면 겪어봐서 잘 알 것이다. 시카고 대학 출판사에서 오랫동안 근무한 어느 편집자의 경험담에 따르면 이런 사례도 있다. 이 편집자가 교정을 본 원고 초반쯤에 상대 작가가 "이렇게 바꾸지 마십시오"라고 써놓았단다. 몇 쪽 뒤에 가서는 "이렇게 바꾸지 말라고 했습니다"라고 했고, 원고 끝에 이르러서는 "도대체 몇 번을 얘기해야 합니까? 이렇게 바꾸지 말란 말입니다!"라고 썼다고 한다.

위신을 지키고 주장을 관철하고 싶은 마음은 누구나 가지고 있다. 무조건 양보하고 싶어 하는 사람은 없다. 그렇다고 감정대로 일을 처리하면 본인에게 전혀 득이 되지 않는다. 되도록 객관적인 태도를 유지하기 위해서 마음을 차분히 가라앉히는 요령을 터득하는 편이 낫다. '난 할 만큼 했어. 이 책은 작가의 것이지, 내 것이 아니야. 속상한 내 맘은 동료들이 위로해줄 거야. 저녁 먹으면서 신 나게 쪼아댈 수 있는 좋은 이야깃거리인 셈이지. 이런 경험을 언젠가 꼭 책으로 내고야 말겠어.'

작가가 분명히 잘못 알고 있을 때조차 엎드려 있으라는 말은 아니다. 주장을 내세우려면 그럴 만한 가치가 있는 주장이어야만 한다는 뜻이다. 단지 자신의 능력을 증명해 보이려는 고집을 부려서는 곤란하다. 작가가 당신을 혹독하게 대한다고 해서 그가 어떤 결정을 내릴 때마다 색안경을 끼고 바라봐서는 안 된다. 골칫덩이라도 가끔은 옳은 이야기를 하기 때문이다.[1]

우호적이고 협조적인 관계를 유지할 가능성을 완전히 날려버리는 상황만큼은 꼭 피해야 한다. 당신이라고 해서 항상 옳을 수만은 없다. 기분 내키는 대로 시원하게 한 방 날리는 투의 답을 보내는 행동은 긴장감을 풀거나 작가를 안심시키는 데 전혀 도움이 되지 않는다.

골목대장 상대하기

당신의 교정 작업에 대한 작가의 반응이 매우 호전적인가? 그렇다면 당신은 골목대장 같은 작가를 마주하고 있는 것이다. 원고가 온통 'stet' 천지라면 상대적으로 해가 덜한 사항은 작가에게 양보하라. 즉, 정확함보다는 표현 기교를 꾀하려고 원문에 손을 댄 부분은 본래대로 되돌려라. 그렇다면 편집자로서 할 일은 다한 셈이다. 원

---

[1] 어느 동료 편집자는 이런 고백을 했다. 조판 단계에서 여러 번 작가의 반대에 부딪혀 원고의 흠을 바로잡을 수 없게 되자, 작가의 '감사의 말'에 가서 편집자 본인의 이름을 빼버렸다고 한다. 그나마 이 정도는 편집자 맘대로 할 수 있는 특권이라 하겠다.

고를 살피면서 수용할 수 있는 건 전부 수용한 이후에 편지나 이메일로 남아 있는 미해결 문제의 매듭을 풀어야 한다. 꾀를 써라. 일단 긍정적인 태도로 시작하라. 세부 사항에 즉각적으로 관심을 갖고 조언해줘서 고맙다고 하라. 별것 아닌 사항을 문제 삼아 일이 번거로워졌다면 다음과 같이 사과하라. "win-loss 통계를 제시하는 작가님의 방식을 이해하지 못해서 죄송합니다. 애초에 여쭤봤어야 했던 사안이네요. 아무튼, 이해할 수 있도록 도와주서서 고맙습니다"라고. 그리고 할 수만 있다면 작가가 재검토한 후 원고가 훨씬 더 좋아졌다고도 하라.

문제를 정확히 인식하지 못하고 작가가 교정하기를 거부한 부분이 있다면 다음 예시처럼 자세히 설명하라. "제 생각엔 독자들이, 어쩌면 서평가들까지도 작가님의 표현을 성차별적 발언으로 오해하지 않을까 염려됩니다. 그런 오해를 피할 좋은 수가 없을까요?" 원고에서 광범위하게 드러난 문제들 중에서 도저히 그대로 둘 수 없는 것이 있다면 그런 문제가 대두할 때마다 말싸움을 걸지 말고 대신 작가의 'stet'을 줄이려는 당신의 뜻을 확실히 표현하라. "요청하신 바에 따라 반점을 많이 되살려놓았습니다. 그러나 완전한 문장들을 나누는 곳에서는 세미콜론이나 온점을 반드시 찍어야 합니다. 이런 일로 독자가 두통을 앓으면 안 되잖아요. 이외에도 반점이 아니면 안 되는 곳이 있다면 알려주세요. 다시 논의를 해보도록 하지요."

편집과 제작 과정 중 어느 단계에 있느냐에 따라 당면 과제를 잠시 내려놓았다가 나중에 다시 화제로 삼아도 좋다. "참, 저번에 말씀드린 서문 말인데요. 왜 서문을 책 뒤에 놓았는지 도입부에서 밝혀주시는 게 나을 듯합니다." 이래도 작가가 꿈쩍하지 않으면 당신도 결의가 굳고 단호하다는 것을 보여줘야 한다. 대신 작가가 혼자 생각하고 결심을 내릴 만한 여유를 주도록 하라. "안녕하세요. 다른 준비는 다 끝났습니다. 서문에 관한 문제만 해결되면 원고를 제작소에 넘길 건데요, 어떻게 하실 건지 생각해보셨어요?"

까다로운 작가를 대할 때는 자기비판과 유머가 도움이 된다. 그렇지만 상대방이 당신의 유머를 어떻게 받아들일지 확실치 않다면 되도록 하지 않는 게 좋다.[2] 다음과 같이 취향이 독특하다고 내가 약간 놀려도 잘 응수하는 작가들이 있다. "이 부분에서 약자를—부디 다른 오해는 마세요—별스럽게 사용하셨더군요. 별난 약자 대신 규정에 알맞은 낱말로 바꿔놓았는데 괜찮으시지요?" 이런 식의 농담에 창의적인 천재 작가다운 자신의 모습을 은근히 즐기는 건지도 모른다.

---

2 내 경험에 비추어보면, 일반인과 마찬가지로 작가도 유머 감각이 있다. 글로 봐서는 도무지 믿기 힘들더라도 말이다.

나쁜 소식을 전하면서 분위기 쇄신을 위해 유머를 사용할 때는 특히 신중해야 한다. 최근에 어느 작가가 출간 막바지에 이르러 원고 내용 중 세 가지를 고쳐달라고 요청했다. 디자이너, 제작 담당자와 이야기한 끝에 우리는 세 가지 중에서 두 가지만 고치기로 했다. 그 작가에게 이메일을 쓰면서 나는 나머지 하나는 재판 시에 바꿔주겠다고 가볍게 약속한 다음, 지난번 이메일을 주고받은 이후로 내게 일어난 웃긴 얘기를 해주었다. 지난 2년간 함께 프로젝트를 진행해오면서 나는 그 작가와 꽤 친해졌다고 생각했기 때문이다. 이 작가는 결국 나머지 하나는 고쳐주지 않을 셈이지 않느냐고 무척 화를 냈고, 내게 보내는 자신의 답장을 복사해서 다른 사람들에게 돌렸다. 그 답장엔 내가 쓴 실없는 농담까지 고스란히 들어 있었다. 내 잘못된 판단이 작가와의 관계에 악영향을 미쳤을 뿐 아니라, 이 탓에 나는 동료들 앞에서 무안을 당했다. 이 작가가 내 이메일을 복사해서 다른 사람들에게 보낸 것에 관해서는 이메일상에서의 예절에 대해 이야기할 때 다시 살펴보자.

힘겨루기

편집자는 작가와 힘겨루기를 할 만한 여유가 없다는 데 의견을 모았다. 그러니 편의상 한발 물러서주는 것이 나을 때가 반드시 있다. 편집자라면 누구나 끝까지 고집을 부리고 싶은 자기만의 논점을 가지고 있지만 이런 감정이 일의 진행에 방해될 때는 감정의 이면에 숨은 진짜 이유를 재검토하는 것이 좋다. 단지 정해진 규정이니까 규정을 따르려는 것인지, 아니면 글과 독자를 위한 적합한 처사라고 믿는 것인지, 규정을 고집하는 진짜 이유를 자신에게 물어보아라. 규정은 경우와 관계없이 두루 도움을 주는 것이어서 성문화되는 경향이 있다. 그러나 어떤 규정은 그냥 규정일 뿐일 때도 있다. 초등학교에서 배운 강요된 지식의 틀에서 벗어나지 못했을 때 그렇다. Q&A 앞으로 날아온 편지가 입증하듯, 정확성에 대한 편집자의 집착엔 끝이 없다.

Q 어느 것이 옳습니까? [Find out who is the head of your division] 아니면 [Find out who the head of your division is (해당 부서의 대표 임원이 누군지 알아보시오—옮긴이)].

Q 'because'로 문장을 시작해도 되나요? 저는 예전에 이렇게 배웠어요. "We cannot start a sentence with because, because because is a conjunction(문장을 시작할 때 쓰면 안 되는 말은 '왜

냐하면'! 왜냐하면 '왜냐하면'은 접속사니까—옮긴이)."

Q 일하다가 "We are focused against(우리는 관심의 초점이 되었다—
옮긴이)"라는 낯선 구문을 보았습니다. 보통 "focused on"이라고 하
잖아요. 둘 중 어느 게 맞는지 가르쳐주세요.

Q 안녕하세요. 1)번과 2)번 중, 어느 게 맞는지 알고 싶어요. [The goal
of the course is to teach you in a 1) simple way, 2) simpler way(그
강좌의 목표는 되도록 간단한 방법으로 수업을 진행하는 것이다—옮
긴이)].

언어를 올바르게 표현하는 길이 단 하나밖에 없다는 생각을 도대
체 언제부터 하기 시작했는가? 일관성을 지키는 일은 의무이거나
가장 작은 표현 단위에서조차 일관성이 지켜져야 한다는 생각은 언
제부터 시작되었는가? 내가 받은 편지들을 보면 정확성과 일관성에
눈이 먼 사람들이 많다는 것을 알 수 있다. 이렇게 정확성과 일관성
을 천편일률적으로 따지면 세상의 모든 글은 하나같이 기계적이고
단조롭고 감정이 드러나지 않은 스타일이 될 것이다.

Q 어느 게 맞아요? [I <u>have always</u> hated sushi(초밥은 좋아해본 적이 없어—옮긴이)] 아니면 [I <u>always have</u> hated sushi].

Q 'but' 앞에는 늘 반점을 찍어야 합니까?

Q 숫자를 쓰는 법칙은 뭐예요? [The crowd was estimated <u>at 2,000</u> (2,000명쯤 되는 인파가 모였다—옮긴이)] 아니면 [The crowd was estimated at <u>two thousand</u>].

Q 'including' 다음엔 항상 반점을 찍어야 하나요?

독자가 문서 내용을 이해하는 데 혼란스럽지 않은 글을 제공하기 위해서 꼭 준수해야 하는 아주 합리적이면서 널리 수용된 규정들도 많다. 이런 맥락에서 문법 규칙 그리고 인용문의 출처를 밝히는 표준 양식은 꽤 엄격하다. 그러나 이런 경우라도 대화를 통한 의견 조율의 여지는 있다. 수준별로 글의 격식을 다양화하다 보면 전에 적용했던 규칙도 바꿔야 할 때가 있다. 작가가 의도적으로 활용한 어조나 강조법의 효과는 따져보지도 않고 분리 부정사나 수동태가 사용되었다고 해서 무조건 빼는 것은 확실히 잘못

된 처사다.[3]

위에서 인용한 질문들로 알 수 있는 것은, 예외 없이 적용되는 중요한 규칙이 있을 거라는 생각에 시달려온 질문자가 그만한 가치가 없는 사안인데도 자신의 귀중한 작업 시간을 허비하면서까지 그런 규칙의 존재를 증명하고자 애쓴다는 사실이다. 예시에서 언급된 정도의 사안이라면 하나의 원고에서 보통 수십 개, 아니, 수백 개가 나올 텐데 이래서야 스트레스를 안 받고 능률적으로 일할 수 있겠는가.

게다가 편집자가 이런 개인적인 두려움에 시달리게 되면 작업 속도가 떨어지는 것 외에도 두 가지 측면에서 실질적인 교정 작업에 부정적인 영향을 끼치게 된다. 첫째로, 모든 'which'를 찾아내서 일일이 'that'으로 바꾸는 식의 열정을 기울이다 보면, 이 때문에 더 심각한 문제가 뒤따를 수 있다는 것을 간과한다는 점이다. 다들 경험해보았을 것이다. 어설프게 원고에 손을 대면 댈수록 오히려 실수는 더 많이 남는 법이다. 편집 과정에서 당신이 저지른 어떤 실수를 작가가 지적하는 순간, 당신은 도저히 자기가 그런 실수를 했다고

---

3 아더 플라트니크(Arthur Plotnik)가 했던 얘기가 맘에 든다. "스트렁크(Strunk)와 와이트(White)를 어설프게 알면 위험하다. 『The Elements of Style(스트렁크가 쓰고 와이트가 개편함. 우리나라 번역서는 『영어 글쓰기의 기본』—옮긴이)』을 대강 훑어본 편집자는 'the outcry was heard round the world(격렬한 항의가 세계 곳곳에서 일었다—옮긴이)'라는 문장을 'everyone in the world heard the outcry(전 세계 모든 사람들이 그 격렬한 항의를 들었다—옮긴이)'라는 문장으로 바꿔버린다." 아더 플라트니크, 『The Elements of Editing: A Modern Guide for Editors and Journalists, 뉴욕, Collier/Macmillan, 1982)』 3-4쪽.

인정하기 싫다가도 앞서 등장한 'due to' 두 개를 'because of'로 바꾼 적이 있다는 사실을 떠올리고는 입을 얼른 다문다. 낱말을 바꾸는 작은 승리감에 취해서 해당 문장에 걸린 분사를 못 보고 싹 지나친 결과이다.

둘째로, 꼭 그럴 필요도 없고 오히려 비효율적이기 쉬운 자잘한 교정기호들이 원고 한쪽에 가득할 때, 작가와의 관계에는 틈이 생기고 편집 업무에 있어서 당신의 판단력에 대한 작가의 신뢰는 무너지기 시작한다. 이럴 때 짜증을 내지 않는 작가는 평소 마음의 동요를 자주 겪지 않는 부류가 유일하다. 게다가 상대 편집자가 무능해 보이면 작가는 자연스레 자기가 썼던 대로 '살리라'라고 요구하게 된다. 상황은 갑자기 전투적이게 되고 지금까지 당신이 작가의 원고에 뿌린 좋은 씨앗들은 싹이 트기도 전에 갈아엎어질 위기에 처한다.

이쯤 되면 관련 업무 지식을 알고 있느냐는 문제로 돌아갈 필요가 있다. 학교 다닐 때 봤던 책 말고 문법과 어법에 관한 최근 저서를 살펴본 것이 언제였던가?[4] 작가의 실수 중에서 당신이 꼭 뜻을 관

---

4 최근 문법의 동향을 알고 싶다면 『The Cambridge Grammar of the English, 로드니 D. 허들스튼과 제프리 K. 폴럼 (Cambridge: Cambridge University Press, 2002)』을 보라. 이 책은 실례를 중심으로 이론에 접근하기 때문에 보수적이고 권위적인 전통 방식과는 대조적이다. 많은 편집자들이 이 책의 규정은 너무 느슨해서 크게 도움되지 않는다고 하지만, 전체적으로 한 번 훑어보면 오래전의 문법과는 다른 요즘 문법에 대한 안목을 기를 수 있다.

철하고 싶은 것에 대해 이야기할 때에는 두 번 생각하라. 당신 말에 신빙성을 더해줄 객관적인 자료가 여럿 있는가? 1980년 어느 학교 교실에서 문장 끝에는 전치사를 놓지 말라던 아무개 선생님의 얘기는 이런 자료에 결코 해당하지 않는다.

권위 있는 자료로 호소하라

당신은 혼자가 아니다. 작가와 한창 논쟁 중일 때는—물론 그러기 전이라면 더 낫겠지만—바로 옆 사람에게 도움을 구하라. 편집을 진행하면서 작가가 달가워하지 않을 결정을 당신이 내릴 수밖에 없다면 미리 그 이유를 밝혀라. 작가 눈에 당신의 결정이 일관성이 없다고 비칠 우려가 있을 때에는 특히 신경 써야 한다. "형용사로 쓰인 'middle-class'는 하이픈을 붙이지만, 명사로 쓰인 'middle class'는 하이픈을 없앱니다. 웹스터 사전 참고" 또는 "'Pope Benedict'가 맞고 'the pope'이라고 씁니다. 『시카고 매뉴얼』 참고" [5] 라고 하되, 꼭 필요할 때만 그리하라. 낱말 하나 바꿀 때마다 이유를 대고 근거를 밝히자고 돈을 받는 게 아니니까. 역설적이지만, 편집자가 근거를 밝혀야 한다는 강박관념에 너무 사로잡히면 본인의 지식과

---

[5] 커버레터에서 정확히 어떤 사전을 따랐는지 밝히면 좋다.

판단력을 믿지 못하는 것으로 보여서 신뢰를 떨어뜨리는 효과를 초래한다. 대신 작업 초반에 교정의 근거를 몇 번 밝힘으로써 당신이 업무를 잘 파악하고 있으며 또 권위 있는 자료를 근거로 활용하고 있음을 작가에게 넌지시 알리자. 일단 출처로 삼은 근거 자료를 당신이 숙지하고 있다는 것을 작가에게 확인시키고 나면 같은 과정을 되풀이할 필요가 없다. "여기서부터는 별도의 기록 없이 100 이하의 숫자는 우리말로 풀어쓸게요. 단락의 일관성을 해치지 않는 범위 내에서요." 교정이 끝난 원고에 서식 시트를 한 부 복사해서 첨부하는 것이 습관처럼 몸에 배어 있다면 굳이 원고 지면에 직접 설명하지 않아도 된다.

근거의 출처인 참고 서적을 밝혀도 작가와의 잡음이 끊이지 않을 때는 인력으로 호소하는 수도 있다. 너무 이상적인 소리로 들릴지 모르지만, 편집자가 약자이기 때문에 누릴 수 있는 이점에 대해 다시 이야기하겠다. 작가의 부당한 요구 때문에 힘이 들 때 주위를 둘러보면 도움을 구할 수 있는 사람이 반드시 있다. 물론 이런 일이 너무 자주 있으면 안 된다. 편집장은 편집자에게 신경을 써줄 여유가 별로 없다. 게다가 편집자가 편집 기술을 터득하는 데 편집장 본인의 책임이 커질 것 같으면 다른 데로 시선을 돌리려는 경향이 있다. 그러나 가끔 묻는 말에는 답을 해주게 마련이고 필요에 따라서는 편집자를 대신해서 진행 중인 작업에 개입하는 것이 편집장의 일이기도 하다. 시카고 대학 출판사에서 내가 모신 첫 편집국장이자 멘토이기도 한, 위대한 마거릿 메이헨 전 편집국장은 본인 밑에서 일하던 한 편집자를 두고 어느 작가가 터무니없는 불평을 하자 너무화가 난 나머지, 대놓고 그 작가를 '아주 형편없는 작자'라고 불렀다. 그 일이 있고 나서 그분도 이게 적극적으로 권할 방법은 아니라고 했다.

마지막으로, 최종 결정은 편집자가 내린다는 사실을 기억하라. 바이라인에는 작가의 이름이 적힌다. 그러나 독자를 불쾌하게 하거나 혼란스럽게 해서, 또 표준 영어의 규정을 무시하거나 출처를 밝힌 편집자의 근거 자료를 인정하지 않아서, 그 결과 해당 편집부가 지시한 내부 규정의 권위를 떨어뜨리는 것은 작가라도 해서는 안 되는 일이다. 작가와의 계약서를 보면, 책의 내용과 무관한 편집 양식의 문제는 편집과 관련한 최종 결정을 출판사가 내린다는 것이 대체로 언급되어 있다. 그렇지만 편집자 혼자서 몰래 일을 꾸며서는 안 된다. 작가와 합의가 되지 않은 상태에서 편집자 본인이 원하는 대로 원고를 정리한 다음 디자이너에게 넘기는 것은 공정한 처사가 아니다. "합의하신 내용에 따라 교정했습니다. 다만, 체이니Cheney의 인용문은 자료 출처나 별다른 설명 없이, 전에 상의드

렸던 수정안대로 처리했으니 양해 바랍니다"라는 태도는 누구도 양해하기 힘들다.

A 정식 글쓰기에서 물음표와 느낌표를 동시에 쓸 수 있는 경우는 딱 하나, 집필 중에 작가가 그만큼 신체적으로 힘들었다고 판단되는 경우입니다. 이 외에는 불가합니다.

5장
작가를 위한 장

Q 저와 작업 중인 한 편집자는 반점을 연속해서 나열하는 것을 싫어하
지만 일반적으로 봤을 땐 반점을 자주 활용하는 경향이 있습니다. 그
런데 이 편집자가 빼버린 반점을 다른 편집자는 도로 집어넣는군요.
미약한 작가인 저는 두 편집자 사이에 껴서 이러지도 저러지도 못하
고 있습니다. 도와주세요!

　　집필 당시 작가를 위한 장을 써야겠다고 처음부터 계획하진 않았
다. 나무 위에 지은 편집자의 아지트 앞에 '작가 출입 금지'라는 표
지판을 내걸어야만 파격적인 편집자의 비밀 클럽이 한층 더 강해진
다고 생각하는 이들이 있을 것이다. 그런데 책을 쓰는 중에 작가인
친구들이 여러 번 이 책을 읽고 싶다고 해 깜짝 놀랐다. 그들이 읽
어야 할 책은 기획 편집자나 개발 편집자developmental editor(기획 편집자가
넘겨준 원고를 살펴서 문체와 전개 속도, 플롯, 짜임새 등 원고 내용을 수정
하는 편집자—옮긴이)가 쓴 책이지 나 같은 원고 편집자가 쓴 책이 아

⊕ 1부 독자를 생각하며 작가와 더불어 일하기

니라고 일러주었다.[1] 그랬더니 나더러 틀렸단다.

작가의 입장에서 자신의 작품이 교정되는 것을 보면 동시에 여러 감정이 드는 것은 당연하다. 그러다 보면 편집 과정에 호기심이 생기면서 가끔은 초조해하기도 한다. 따라서 편집 전에 작가가 할 수 있는 일은 무엇인지, 그리고 편집자와 작가 본인의 생각이 다를 때는 어떻게 해야 하는지 알고 싶은 것이다. 이 책의 요점에는 이 클럽으로 작가를 따듯이 맞이하자는 것도 포함되어 있으므로 작가의 입장에서 살펴보는 것도 정당할 듯하다. 더군다나 편집자인 내가 이제는 작가로서 정반대의 세계를 경험하는 처지에 있으니…….

항복의 몸짓

이따금 어떤 작가는 원고를 넘기면서 편집 과정을 건너뛰자고 한다. 여러 사람이 원고를 읽어보았기 때문에 그렇단다. 나와 작업한 작가 중에는 실제로 원고를 제출하기 전에 작가 본인이 직접 프리

---

[1] 기획 편집자(acquiring editor)는 원고를 발굴하고 출판사를 위해 그 원고를 사들이는 일을 한다. 대개는 하나 이상의 전공 분야가 있거나 특정한 문학 부문에 조예가 깊다. 만약 집필 아이디어만 있고 출간이 가능한 원고 형태로 준비되지 않았을 때는 계약 전이나 후에 작가가 원고를 쓸 수 있도록 기획 편집자가 도와주기도 하고 때에 따라서는 바로 개발 편집자에게 사안을 넘겨서 개발 편집자가 아이디어를 면밀히 살핀 후 작가와 협의를 통해 출간이 가능한 형태로 만들어내기도 한다. 원고를 살피는 과정에서 기획 편집자와 개발 편집자도 약간의 교정 작업은 하지만 다소 임의적이고 일관성이 떨어진다. 나중에 교정교열 편집자가 원고를 다시 살필 것을 알기 때문이다.

랜서 편집자를 고용해서 편집을 맡겼다고도 했다. 개중에는 탁월한 원고도 있었지만 내 경험상, 편집할 필요가 있느냐 없느냐 하는 것은 작가의 동료나 작가가 고용한 프리랜서, 작가의 자식에 의해 원고가 몇 번이나 점검되었느냐 하는 것과는 별개의 문제이다. 좀 더 모험적인 시도를 해볼까? 도서관 책꽂이에서 아무 책이나 잡지를 뽑은 다음, 그것을 편집 작업이 가능한 원고의 형태로 슬쩍 스캔해서 편집자에게 가져다주면 그 누구라도 거기서 손댈 만한 구석을 찾아낼 것이다.

어째서 이런 일이 생기는가?

우선, 출판사별로 성향과 기준, 참고하는 매뉴얼이 다르기 때문이다. 더 중요한 것은 원고 편집자마다 선호하는 것과 가진 지식이 서로 다르다는 점이다. 정말로 다양하다. 반점을 택하는 문제만 떼놓고 봐도 편집자의 재량에 따라 결과는 크게 달라질 수 있다. 두 편집자가 일정한 분량의 똑같은 원고를 가지고 각자 반점 찍는 작업을 했을 때 그 결과는 절대로 같을 수가 없다. 편집의 어느 정도는 선택적이고 주관적이다. 이 편집자한테 괜찮은 것이 저 편집자한테는 그렇지 않을 수도 있다. 눈으로 읽는 편집자와 소리 내어 읽는 편집자는 편집의 결과도 다르다. 글의 타당성과 흐름을 중시하는 편집자가 있는가 하면, 문법에 까다로운 편집자도 있다. 침을 흘리며 아장거리는 아이를 옆에 둔 너그러운 엄마 같은 편집자는 눈에 확 띄거나 아주 심각한 것만 손을 보고 웬만하면 나머지는 그냥 넘어간다.

설령 모든 편집자들이 비슷한 감수성과 훈련 경험이 있다 해도 편집은 특성상 여러 일을 동시다발적으로 해야 하는 업무이다. 즉, 다양한 각도에서 다른 수준의 읽기를 동시에 진행해야 하는 일이다. 실제로 편집자는 원고를 두 번 이상 읽는 것이 보편적이다. 처음엔 전체적인 숲을 생각하며 읽고 그다음엔 나무라 할 수 있는 세부 사항에 주의를 기울이며 읽는다. 편집자도 사람인지라 본인이 흥미 있어 하는 주제의 글을 읽을 때는 편집에만 주목하기가 힘들고 그러다 보면 아무래도 관심이 다른 데 있기 때문에 편집상의 문제를 못 보고 지나치거나 너무 가볍게 여기는 경우도 생기게 마련이다.

편집 결과는 작업할 때마다 달라진다. 또 편집 과정을 몇 번 거쳤건 간에 완벽한 원고란 있을 수 없다. 설령 여러 손을 거친 원고를 마지막으로 작업한 편집자라고 해도 그 손에 들린 원고는 여전히 완벽하지 않을 것이다. 어느 유명한 어린이 잡지의 지정 편집자가 짜증 난 심정을 토로한 적이 있다. 그 편집자의 동료가 한 기사 본문과 관련해서 수정안을 세 개나 만들어놓고도 자꾸 고칠 거리를 찾아내기에 "실수를 찾는 건 그만하면 됐어!" 하고 꽥 소리를 지르고는 "편집자답게 생각해. 넘길 수 있는 건 좀 대충 넘겨!"라고 했단다.

　작가가 제출한 원고의 상태와는 무관하게 반드시 편집 과정을 거쳐야 하는 두 번째 이유는 조판 과정을 준비해야 하기 때문이다. 대개는 계약상, 주어진 지침에 따라 작가가 원고를 체계적으로 정리해야 하지만 바로 제작에 들어가도 될 만큼 충실히 지침을 따르는 작가는 매우 드물다. 작가가 MS 오피스를 활용해서 본문을 아주 '예쁘게' 꾸며놓으면 편집자는 표준 양식으로 바꿔야 한다. 탭이 잘못 설정되어 매 줄 앞이 어색해 보이는 인용구도 다듬어야 한다. 도움되고 싶은 마음에 작가 나름대로 애를 쓰긴 했으나 정해진 지침과 상반되는 부분이 있다면 이를 삭제하는 데도 편집자는 상당한 시간을 할애한다. 작가들은 한없이 창의적이다. 아니면, 무지하든가. 컴퓨터로 하는 문서 작성에 관해 그렇다는 뜻이다. 수년 전, 어느 동료가 나한테 MS 워드 문서 350개로 이뤄진 책의 원고를 보여주었다. 그 원고의 저자가 한 페이지의 끝에 이를 때마다 '새로 만들기'로 새 문서를 열었던 것이다.

　따라서 원고를 제출할 때는, 설령 전에 출간된 적이 있는 자료들을 모아서 재구성한 원고라고 해도, 누군가 곧 교정이 필요한 부분을 지적할 거라는 마음의 준비를 미리 하도록 하라. 이쯤 되면 작가가 편집자의 편집을 사적인 감정에 의한 것으로 받아들이면 안 되는 이유를 이해할 것이다. 편집의 일정 부분은 당신이 얼마나 훌륭한 작가인가 하는 것과는 거의 상관이 없다.

만약 작가인 당신이 전문 분야에서 일하거나 당신의 원고가 특수한 내용을 담고 있다면 그 분야를 전공하지도, 독심술사도 아닌 누군가가 편집을 맡을 것에 대비하라. 운이 좋으면 편집자가 당신의 전공 분야와 관련 있는 책이나 기사를 편집해본 경험이 있을 수도 있다. 그렇지 않다면 당신이 원하는 바를 직접 설명해주는 것을 상대는 두 손 들어 환영할 것이다. "'improvisative'라는 용어를 'improvisational'이나 'improvisatory'로 바꾸면 안 됩니다"라거나 "장소를 나타내는 낱말은 그 철자를 바꾸지 마십시오. 정치적인 사안입니다"처럼 하면 된다.

그렇다면 원고를 제출하기 전에 작가가 직접 편집자를 고용하는 것이 시간과 비용 면에서 가치가 있는 일일까? 상황에 따라 다르다. 당신이 느끼기에 원고가 잘 정리되었다고 생각하면 굳이 돈을 쓰면서까지 별도의 편집 작업을 의뢰할 필요가 없다. 어차피 출판사 측에서는 지정 매뉴얼대로 다시 편집해야 할 테니까. 하지만 만약 주변의 지인들이 원고를 읽고 나서 오자가 많다거나 무슨 뜻인지 모르겠다는 메모를 원고 여백에 가득 적어놓았다면 이런 부분에 특별히 초점을 맞춰 편집 단계를 미리 한 번 거치는 것이 도움될 수 있다.

원고 제출 전에 전문적인 편집을 거치면 좋은 점이 또 하나 있다. 자료 출처를 확실히 밝혀야 하는 원고를 제출할 때, 자료 기록과 참고 문헌이 빠짐없이 제대로 기입되었는지, 그리고 관련 용어가 Chicago, AP, APA* 등 널리 알려진 대로 표기되었는지 확실치 않다면 바로 편집자가 이런 부분을 확인해줄 수 있다.

작가로서 아직 등단 전인가? 완성된 원고로 심사를 해보고 통과하면 계약이 성사되는 상황에 놓여 있는가? 이럴 때 원고에 조금이라도 엉성한 부분이 있다면 기회를 놓칠 가능성이 매우 크다. 이런 상황에서 원고에 남아 있는 결점을 깔끔히 정리하려면 편집자의 안목이 필요하다.

인내심 게임

자신의 원고가 편집을 거치는 동안 원고에서 손을 떼고 하루, 일주일, 어떨 땐 몇 달씩 기다리는 일은 작가에겐 고역일 것이다. 그런 심정을 이해는 하지만 편집이 그렇게 끔찍한 일은 아니다. 다음 두 가지 측면에서 볼 때, 편안한 마음으로 편집의 결과를 기다리는 것

---

* Chicago(Chicago Manual of Style 시카고 매뉴얼), AP(The Associated Press Stylebook, 연합통신 스타일북), APA(Amateur Press Association, 아마추어 출판인 협회).

이 낫다. 첫째는 편집자가 이미 해놓은 일을 한 번 더 하게 만들 수 있기 때문이다. 편집자가 벌써 고쳐놓은 것을 알 리 없는 당신이 편집 중에 오자 리스트를 보내서 한 번 확인해달라고 요청하면 편집자는 그만큼 시간을 허비하게 된다. 둘째는 한 발짝 떨어져서 본인의 원고를 볼 수 있는 기회를 통해 얻는 이점이 있기 때문이다. 편집이 끝나면 당신은 당신의 원고 전체를 다시 한 번 읽어볼 기회가 있을 것이다. 편집자가 당신의 합의를 구하기 위해 교정 원고를 보내줄 테니까. 잠시 원고에 대한 생각을 떨치고 다른 일을 하고 나면 나중에 훨씬 더 새로운 눈으로 본인의 원고를 맞이할 수 있다.

작가가 원고에 대해서 생각하지 않으려고 해도 바꾸고 싶은 낱말이나 덧붙이고 싶은 내용, 또 살짝 달리 표현하고 싶은 점이 계속 떠오르는 것은 어쩔 수 없다. 이럴 땐 떠오르는 생각들을 적어두고 나중에 본인 차례가 되었을 때 손을 보면 된다. 편집 중에 이메일로 이런저런 생각을 알려주는 것을 편집자가 어떻게 생각하는지는 감으로 알 수 있다. 내 경우엔 작가가 새로운 생각이 떠오르는 즉시 나와 공유하는 걸 선호한다. 그 원고만의 독특한 편집 양식이 내 머릿속을 가득 메우고 있을 때 작가의 새 아이디어를 참작할 수 있기 때문이다. 반면 작업 중에 방해받는 걸 원치 않으므로 작가가 나중에 그리고 한꺼번에 검토해주길 바라는 편집자도 있다. 가능한 한 함께 작업하는 편집자의 스타일을 존중하도록 노력하라.

이렇게 쉬는 중에 원고의 중요한 부분을 전혀 다른 각도에서 보게 되면 새로운 내용이나 부록을 추가하고 싶은 생각이 들 수도 있다. 이러한 수정이 중대한 사안이라면 작가는 그 즉시 편집자에게 이런 사실을 알려야 한다. 편집자는 사안의 심각성을 확인한 후에 프로젝트 책임자와 지정 편집자, 기획 편집자에게 보고할 것인지를 결정한다. 만약 새롭게 들어갈 내용이 전문적인 비평을 필요로 한다면 출판사는 전체 일정을 재조정하기도 한다. 상황이 이렇게 되면 편집자는 진행 중이던 편집 작업을 중지하고 관련 문제가 해결될 때까지 기다려야 한다. 잡지의 경우엔 해당 기사가 다음 호에 실리게 될 것이고 책은 봄 대신 가을로 출간이 미뤄질 것이다.

일단 편집자가 편집을 시작하면 작가는 자신의 원본 파일에 그 어떤 수정도 절대로 가해서는 안 된다. 혹시나 편집자에게 보낼 기회가 있을까 기대하면서 작가의 마음은 부풀겠지만 새 파일과 이전 파일을 비교·대조해야 할 편집자를 생각해보라. 앞뒤를 살피지 못한 행동이었음은 아무리 강조해도 지나치지 않는다. 많은 낱말을 전부 굵은 글씨로 강조한 부분은 이 책에서 저 문장이 유일하니까 꼭 주목해주길 바란다. 당신이 새 파일을 보낼 때쯤 편집자는 벌써 전에 받은 원본 파일을 놓고 몇 시간째 씨름하는 중이지 않겠는

가. 필요 없는 부분은 빼고 교정기호를 붙이고 그러다 별도의 표시 없이 고치기도 했을 것이다. 당신이 보낸 새 파일에는 아마 여기 저기 수정된 곳이 있을 테고 그 수는 다 합해서 열 개가 조금 넘을 수도 있다. 그러나 편집자 입장에서는 당신이 어디를 어떻게 고쳤는지 전혀 알지 못한 채, 장님 막대질하듯 처음부터 다시 작업을 시작할 수밖에 없다. 자동 수정 기능과 더불어 문서 비교 기능이 있다곤 하나, 이런 경우엔 거의 쓸모가 없다. 물론 내가 이 편집자라면, 그리고 프로답게 마음의 평정을 유지할 수 있다면 눈앞의 사태를 수습하려고 노력할 것이다. 어쨌거나 이건 작가의 일이다. 내게 작가는 독자 다음으로 중요한 사람이다. 작가가 원하는 것이 곧 내가 원하는 것이다.

그렇지만 나도 편집자이기 전에 인간일 때가 있으니, 당신을 미워하고 당신 작품에 흥미를 잃어버리는 일도 생기게 마련이다.

그냥 그렇다는 뜻이다.

뭘? 어디서? 언제?

집필 중에는 꾸물대는 사치를 조금 부렸을 수도 있다. 일단 책이나 기사가 편집에 들어가면서부터는 각 단계의 일정이 훨씬 더 실제적이고 진지해진다. 여기서 작가 마음대로 조절할 수 있는 일은 거의 없다. 단, 꼭 작가가 처리해야 할 일이 있을 때 본인이 늑장을 부리면 일의 진행이 지연될 수 있다. 작가라면 자신의 책이 출간되기를 학수고대하면서 출판을 앞당기기 위해 무엇이든 할 것 같지만 의외로 마감일에 느긋한 작가가 많다. 이런 작가는 한 번 편집된 원고와 교정쇄, 색인을 반복 수정하느라 작업 진행이 더딘 것을 대수롭지 않게 여긴다.

정기간행물이나 일정이 바삐 돌아가는 프로젝트에서는 마감일이라는 것이 훨씬 고정적이다. 일을 제때 끝내지 못하면 해당 프로젝트가 취소되거나 아예 다른 작가에게 맡기게 되지, 이 작가를 신경 써줄 사람은 없다. 따라서 편집 원고나 교정쇄를 언제쯤 살펴보게 될지 미리 물어라. 다른 일로 이 일정에 차질이 생길 것 같으면 충분한 시간적 여유가 있을 때 사전에 알려주어야 한다. 편집자가 작가의 스케줄을 벌써 꿰고 있다면 디자이너나 언론사 담당자들과의 미팅 일정을 재조정하거나 아예 원고를 다음 호 또는 다음 계절에 선보이도록 할 것이다. 갑작스럽게 일을 늦추면 다른 사람들까지도 혼란에 빠뜨리게 된다.

책처럼 장시간 진행되는 프로젝트일 때도 출판사의 일정을 따르는 게 좋다. 여러 가지로 본인의 프로젝트에도 좋다. 일단 출판사가 당신의 책을 출간하기로 했다면 편집과 디자인에서부터 제작, 마케팅에 이르기까지 모든 관련 부서는 출간 시기에 가장 적합한 작업 일정에 따라 맡은 바 역할을 수행하게 된다. 이때 작업 일정이란 해당 부서 간의 협조가 빚어낸 작은 기적과도 같다. 어느 단계에서라도 차질이 생기면 출간 일정까지 영향을 받고 심할 땐 상황이 더 심각해지기도 한다.

편집은 모욕? 아니, 선물!

묵고 있는 호텔 방으로 오후에 돌아왔다. 객실 청소부가 다녀갔는지 지저분한 것들이 말끔히 치워져 있고 용품들은 제자리에 놓여 있을 때의 그 기분이란! 편집자는 작가가 편집 후의 원고를 이런 기분으로 바라봐주기를 기대한다. 호텔 방의 베개에서 박하 향을 맡았던 것처럼 편집의 다른 이점도 볼 수 있다면 더욱 좋겠지. 청소해야 할 만큼 지저분해 보였다는 사실 때문에 모욕감을 느끼는 작가가 있을까 봐 편집자는 걱정한다.

편집자가 좋은 꾀를 내어 형편없던 단락을 명료하게 다듬거나 깊이 있는 질문으로 영감을 주거나 당신의 주장에서 모순된 점을 꼬집어준다면 당신의 기분은 어떨 것 같은가? 첫 번째로 딱 드는 생각은 '아, 내가 먼저 알아차렸더라면……'이 아닐까 싶다. 그리고 자신의 그런 어처구니없는 실수를 편집자의 손에 들어갈 때까지 발견조차 못 했다는 사실에 기분이 몹시 나쁠 것이다. 어느 잡지사의 펙트 체커fact-checker(정기간행물 같은 비소설 분야의 글에서 특정 주장의 근거로 활용된 사안의 진위를 확인하는 사람－옮긴이)가 유명 인사에 관련된 오보 사례를 내게 얘기해준 적이 있다. 어느 남배우가 산 정상을 향해 직선거리로 9,200여 킬로미터를 오른 적이 있다고 주장했다는 기사를 작성한 작가도 있고 또 어느 여배우의 프로필을 작성하면서 딴 데 정신을 팔았는지 여배우의 아버지 이름 대신 자기 재단사의 이름을 적어놓은 경우도 있었단다. 프로필을 작성하던 당시, 이 작가 앞에 걸린 게시판에 자신의 정장 보관증이 핀으로 꽂혀 있었다고 한다. 이 펙트 체커가 몇 시간을 허비한 결과 두 이름 사이에 어떤 연관이 있었는지 알아낸 것이다.

두 번째로는 본인이 아닌 다른 누군가가(한낱 편집자 주제에) 해내서 불쾌할 것이고 편집자가 한 일을 날름 받아서 자신이 한 것처럼 선보여도 되는지 고민이 될 것이다.

결론은, 당연히 선보여도 된다. 그것이 바로 편집자가 하는 일이니까. 편집을 거친 원고가 작가와 마찰을 빚지 않고 무사히 편집자 손에 되돌아왔을 때 편집자는 가장 흐뭇하다. 내 편집 원고에 제일 멋진 반응을 보여준 저자는 나에 대한 화답으로 소설 끝에 단락 하나를 추가한 사람이다. 편집 원고를 넘기면서 커버레터를 통해 나는 솔직히 그 소설의 끝이 놀랍고 실망스러웠다고 썼다. 하지만 이런 느낌과는 별개로 그 소설을 끝맺는 데는 그 길밖엔 없었을 거라는 생각도 들었다고 했다. 마지막 장면엔 변화가 없었지만 내 말을 듣고 덧붙인 새 단락이 내가 느꼈던 아쉬움을 더없이 잘 달래주었다. 나는 더는 바랄 게 없을 만큼 기뻤다.

작가가 혼자 뚝 떨어져서 글을 쓰는 게 아니라는 것은 편집자도 알고 있다. 작가의 원고가 편집자의 손에 들어오기 전까지 그 원고는 다른 많은 사람의 격려와 비평을 받으면서 여러 단계를 거쳐 이만큼 발전해왔을 거라는 사실도 알고 있다. 가장 힘든 부분을 도맡아 해결한 사람은 바로 작가이다. 조사 자료를 모아서 정리하고 고심하고 지면에 직접 낱말들을 쏟아낸 다음, 비평을 들어가며 내용을 고치기까지 한 사람이 아닌가. 작가 덕분에 편집자는 다른 수고 없이 완성된 원고를 읽을 수도, 살짝 모가 난 부분을 집어낼 수도 있는 것이다. 작가 편에서 편집자의 수고를 덜어줄 수 있는 두 가지 방법이 있다. (1) 편집자의 질문과 지적에 대해 원고에다가 되도록 짧게 답을 달아줘라. 설령 처음에 당신이 썼던 것이 옳다고 판단해도 편집자의 질문 옆에 작은 확인 표시를 남기면 적어도 편집자는 당신이 자신의 질문을 고려했다는 것을 확인할 수 있다. (2) 부록은 출력물과 전자파일 두 가지 형태로 되도록 길고 자세하게 작성해서 제출하라. 그렇지 않고 펜으로 여백에 대충 휘갈겨놓으면 편집자는 마치 암호를 해독하듯 그 메모를 읽어야 한다.**²**

편집자라면 누구나 작가에게 간절히 바라는 것이 있다. 원고 또는 교정쇄에 동봉한 커버레터와 매뉴얼을 꼭 좀 읽어달라는 것. 몇 분 걸리지도 않는다. 읽었으면 제발 지침대로 해달라. 어엿한 전문 직업인이, 게다가 지난 수년간 시킨 대로 하지 않는다고 학생들에게 화를 낸 적이 있을 법한 바로 그 사람이, 편집된 원고와 교정쇄를 살피면서 매우 간단한 지침조차 따르지 못하는 모습을 볼 때마다 나는 항상 놀란다. 지침을 따르지 않으면 애초에 없던 일까지 만들어서 편집자에게 몽땅 떠맡기는 셈이 된다. 행간에 교정 제안을 적어놓은 작가를 대신해서 방금 전까지 꼬박 여덟 시간 동안(일요일 다섯 시간까지 합해서) 나는 교정쇄를 다시 검토해야 했다. 이 작가는 교정 제안을 여백에 적어달라는 것을 따르지 않았다. 교정기호를 잘못 사용해서 본인이 의도하는 바와 반대되는 지시를 내려놓기도 했다.

---

2 분명히 '부록'이라고 했지, '수정안'이라고 하지 않았음을 기억하라. 부분 수정된 원고는 절대 원본 파일 위에 덮어쓰기 식으로 저장하면 안 된다. 무슨 소리인지 이해가 안 된다면 앞으로 돌아가서 다시 읽어야 할 단락이 있다. '인내심 게임'이라는 제목 아래를 살피면 굵은 글씨로 길게 쭉 처리된 부분이 눈에 띌 것이다.

속내를 털어놓자면 한이 없다. 엉망진창인 교정쇄를 작가에게 다시 보내는 대신 그냥 내가 다 정리했다. 휴가를 앞둔 나로서는 마감일을 꼭 지키고 싶었으니까.

치워줄 사람이 있다고 해서 당신이 방바닥에 음식을 마구 던져도 된다는 뜻은 아니다.

"일 종 샹제 마 샹송 Ils Ont Changé Ma Chanson……."[*]

모든 일이 순조롭게 진행됐다면 편집 결과는 만족스러울 것이다. 그런데 그렇지 않다면? 편집된 원고를 읽기 시작하자마자 편집자가 당신의 글을 전혀 이해하지 못했음을 알게 된다면? 전공인들 사이에서 흔히 사용하는 필수 용어와 표현을 편집자가 전부 뜯어고쳤는가? 구별하기 쉽도록 관련 있는 사항끼리 일련번호를 부여했는데 편집자는 그걸 모르고 다 지워버렸는가? 용어 설명을 안 하기로 마음먹은 곳에 편집자가 주석을 달아놓아서 혹시 당신이 유치하게 잘난 척하는 것으로 보일까 염려되는가? 사적인 이름의 경우에는 당신이 직접 개발해서 유명해진 언어학적 체계에 따라 그 철자를 표기했는데 편집자는 위키백과에 올라온 철자로 바꿔놓았는가?

---

[*] 달리다(Dalida)의 샹송 제목으로 '저들 때문에 변해버린 내 노래'라는 뜻.

겁먹지 마라. 계속 읽으면서 필요하면 기록하고, 마음의 문을 열어두어라. 편집자가 바꿔놓은 것들을 되돌리면 되니까. 그럴 수 있도록 편집자가 적극적으로 도와줄 거라고 믿어라. 표기법에 관한 소소한 문제들은 얼마든지 절충이 가능하다. 한 미국 잡지의 사실 확인자 겸 편집자가 해준 이야기로는 존 업다이크John Updike(1932. 3~2009. 1 미국의 소설가이자 시인, 문학비평가―옮긴이)가 출판사에 불만을 토로한 적이 있다고 한다. 'kidnaped', 'kidnaping'이라고 표기하는 그 출판사의 내부 규정이 맘에 안 들었기 때문이다. 이후로 그 출판사는 사내 매뉴얼에 "업다이크는 'kidnapped', 'kidnapping'이라고 쓰는 것을 선호한다"라고 적어놓았다고 한다. 존 업다이크가 아닌 그 누구라도 편집자에게 요청하면 원하는 대로 일이 풀릴 수 있다.

문제가 되는 대목에서는 왜 편집자가 그 대목을 손보려고 했을지 생각해보라. 대개는 어딘가 잘못된 부분이 있기 때문이다. 그런데 아무리 봐도 편집자가 이해를 잘못한 것이라 판단된다면 이때는 독자들도 편집자와 같은 실수를 할 수 있음을 깨달아야 한다. 편집자가 제시한 해결책이 마음에 들지 않는다면 다른 대안을 찾아라. 만약 당신이 처음에 썼던 대로 계속 밀고 나가야겠다면 되살리고 싶은 부분 밑으로 점선을 치고 'stet(⑤)'이라고 적어라. 그리고 이 부분에 대해서 편집자가 되물어오는 상황을 피하려면 간단하게나마 설명을 남겨라.

편집이 너무 형편없어서 화가 나고 속이 끓을 수도 있다. 그래도 득이 될 것은 없으니 다음 두 가지 행동은 피하라. 하나는 노발대발하며 편집자에게 얼굴을 붉히는 것이다. 다른 하나는 최악의 경우로서 편집자 때문에 노발대발하며 그 편집자의 상관에게 얼굴을 붉히는 것이다. 여백이나 커버레터를 통해서 편집이 어떻게 잘못되었는지를 설명하라. 몹시 화가 난 상태에서 감정을 다스리기는 어려운 일이지만 그렇다고 편집자를 모욕하고 꾸짖을 이유는 없다. 그런 경우 오히려 편집자의 협조를 구하기가 더 힘들어진다.

작가인 당신이 주장을 내세우면 웬만해서는 편집자도 일을 그리 처리하고 싶다. 하지만 편집자라는 위치 때문에 두 번 생각해볼 수밖에 없는 문제가 있게 마련이다. 편집자가 고쳐 쓰고 싶어 하는 부분에서 당신이 한 번 더 살피는 일 없이 'stet'을 써버리면 문제는 해결이 안 된 채 그냥 남아 있게 된다. 편집자는 그 문제를 나중에 다시 언급할 것이고 달리 표현할 방법이 없겠는지 되물을 것이다. 이쯤 되면 당신은 편집자가 문제를 인식할 때 상상력을 너무 발휘한다고 일축하려 들겠지만 그건 큰 실수다. 어느 대목에서 독자 하나가 걸려 넘어졌다면 다른 독자들도 충분히 그럴 수 있다는 뜻이다.

그러나 문제를 살피고 넘어가는 것이 현명하다.

일반적인 방법으로는 도저히 편집자를 설득할 수 없는 극단적인 상황에서는 문제 해결을 위해 그 편집자의 상사에게 불만을 전달해야 하기도 한다. 그러나 최후의 수단으로서만 선택하라. 우선은 직접 편집자와 문제의 해결 방안을 찾아라. 최근 내 부서에서 있었던 일이다. 어느 작가가 기획 편집자에게 우리 부서의 한 편집자에 대해 항의를 했다. 이 편집자가 일관성이 없고 신뢰가 가지 않게끔 작업해놓았으니 담당 편집자를 다른 사람으로 바꿔달라고도 했다. 당연히 깜짝 놀란 기획 편집자는 편집장과 함께 편집 원고를 다시 살펴보겠다고 약속했다. 부편집장으로서 이 대화를 직접 들은 나는 기획 편집장이 얼마나 흔쾌히 작가의 요구에 응하는지를 지켜봤다. 어쨌거나 원고를 다시 살핀 결과, 그 작가가 『시카고 매뉴얼』에 익숙하지 않았던 탓에 너무 성급히 판단을 내린 것으로 드러났다. 편집자가 그렇게 편집한 까닭을 묻지도 않고 작가가 항의한 결과로 그 편집자는 일시적인 모욕을 당했고, 여러 사람들이 원고를 살피느라 시간을 할애해야 했으며, 결국 그 작가는 골칫거리라는 평판을 얻었다.

만약 편집 결과가 만족스럽다면 그렇다고 편하게 얘기하라. 편집자한테 직접 말해도 좋고 그 상관한테 말해도 좋다. 기사나 책의

'감사의 말'을 빌려도 좋다. 직접 얼굴을 마주하는 일이 드물기 때문에 작가가 편집 결과에 어떤 생각을 가지고 있는지 편집자는 알기가 어렵다. 어느 동료가 다음과 같이 얘기한 적이 있는데 흔히 볼 수 있는 일이라 하겠다. "대체로 훌륭해서 손볼 데가 없었던 원고의 저자는 편집자를 칭찬하는 데에 무척 너그럽다. 반면에 다듬느라 피땀을 흘려야 했던 원고의 저자는 편집자를 몹시 푸대접한다."

전에 나와 함께 일했던 한 동료는 작가한테서 이런 칭찬을 받고 몹시 좋아했다. "특별히 바뀐 데가 없는 것 같으면서도 전체적으로 전보다 나은 작품이 되게끔 해준 당신. 그 날랜 손재주야말로 편집자가 지닌 최고의 도구입니다." '감사의 말'을 통해 아예 공개적으로 인사를 받은 동료도 있다. 이 동료의 편집 능력을 작가는 이렇게 표현했다. "편집자가 바꿔놓은 부분을 확인할 때마다 '그렇잖아도 그렇게 고치려고 했다'라고 생각했다. 그러나 편집자가 그리 고쳐주지 않았다면 나 혼자 그렇게 고쳐 쓰는 일은 결코 일어나지 않았을 것이다."

편집자가 이런 칭찬을 받으려고 일하는 것은 절대로 아니다. 그렇지만 편집자 자신이 프로젝트의 커다란 발전에 기여했다고 믿고 있을 때 작가가 나서서 정말로 편집자 덕분에 나아졌다고 해준다면 편집자의 마음은 무척 뿌듯할 것이다.

▣ 간단히 '무엇을 선호하느냐'의 문제라고 직감하셨군요. 작
가님의 판단이 옳은 듯합니다. 함께 작업하는 두 편집자가 서로
다른 의견을 가지고 있다고요? 작가님께서 원하는 바를 밝히실
때입니다. 그러면 싸움이 멈추고 평정이 유지될 겁니다.

2부

자신을 다스리며 동료 편집자와 함께 일하기

내 경험에 의하면 편집자가 해결책을 놓고 매일같이 고심하는 문제에 대해서 작가 대부분은 효율적이고 협조적으로 응한다. 편집자가 하는 일에 고마움을 느끼고 경우에 따라 작가는 자신의 실수를 미안해하기도 한다.

작가는 결코 맞서 싸워야 할 적이 아니다. 화가 나거나 불면증에 시달리게 된 원인을 찾고자 한다면 편집자는 우선 자기 자신을 살펴야 한다. '내'가 편집한 원고를 작가가 읽고 어떤 반응을 보이는가에는 상관 말고 '내'가 겪는 어려움을 살펴보아라. 이 책의 남은 절반의 원고에서 나는 업무와 관련해 우리 자신을 다스리고 동료와 잘 지내는 방법에 대해 이야기하겠다. 매일 부딪히는 어려움에 대한 해결책을 찾아보고 흔히 스스로 자신을 곤란한 처지에 빠뜨리는 우리의 모습도 살펴보겠다. 이런 문제는 미리 방지할 수 있는 것들로, 태도를 바꾸거나 새로운 습관을 형성하면 바로잡을 수 있다. 문법과 본문 편집을 대하는 내 태도가 너무 파격적이라고 생각하는 사람이 있을 수도 있다. 그러나 내 말을 끝까지 읽어보라. 내가 어겨도 괜찮다고 언급한 규정은 사실 규정이 아니다. 내가 어떤 기준을 낮추라고 할 때는 그 기준이라는 것이 효율적인 편집을 막는 장애물에 불과하기 때문에 그런 것이다.

몇 년 전 보고된 연구에 따르면 근로자에게 가장 많은 스트레스를 주는 업무 조건은 책임이 막중하고 권한은 매우 적은 것이라고 한다. 잠깐, 내가 지어낸 얘기였나? 어쨌거나 설득력 있는 말이다. 어쩌면 당신은 편집자의 업무 조건도 위와 같다고 생각할 것이다. 실제로 편집자가 하는 일에는 막중한 책임과 마감일 그리고 갑갑함이 따른다. 또 내 실수를 두고 작가가 불평할까, 독자들이 알아챌까, 비평가들이 공개적으로 크게 문제 삼지는 않을까 하는 두려움도 따른다. 주어진 권한은 한없이 부족하기만 하다. 마감일을 정하는 것도, 매뉴얼을 선택하는 것도 편집자가 아니다. 출판계에서 편집자가 차지하는 지위는 낮다. 학력과 기량 그리고 집필 원고에 기여하는 가치에 비해 소득은 놀라우리만치 적다.

이 책을 읽는 당신은 스트레스로 지쳐 있는 편집자일 가능성이 크다. 완벽하고 싶은데 일은 너무 많고 턱없이 모자라는 시간 때문에 똑똑하고 세심하며 성실한 영혼을 소유한 당신은 쓰러지기 일보 직전이다. 마감일로 밤을 새우고 주말도 반납한다. 그러다…… 울어버리는 거다. 이런 패턴은 분명히 잘못되었다. 편집 때문에 눈물을 보여서는 안 될 일이다.

이유를 막론하고 일이 힘들다는 압박감에 시달릴 때에는 이에 대처할 수 있는 전략이 필요하다. 내가 나누고 싶은 것이 바로 이런 전략이다.

6장
감당하기 어려운 '위험한 원고'

🄠 지금 사내 편집 매뉴얼을 만들고 있습니다. 회사 방침상 여러 개의 반점을 잇달아 사용할 수 없는데요. 일관성 차원에서 '반점은 절대로 여러 개를 잇달아 나열할 수 없다(막무가내죠?)'라고 아예 명시할까 고민 중입니다. 제 질문은요. 반점을 잇달아 쓰지 말라고 명시해서 일관성을 유지하는 편이 나을까요, 아니면 애매한 경우를 대비해서 '꼭! 필요할 때에만 반점을 여러 개 나열할 수 있다'라고 덧붙이는 게 나을까요? 그냥 자유롭게 쓰게 해달라고 회사 측에 강력히 요구하고 싶지만 안타깝게도 저는 비천한 인턴사원이랍니다.

잡지사나 신문사에서 일하는 편집자보다 일반 기업이나 기술 서적과 학술 서적을 다루는 출판사에 소속된 편집자가 더 복잡한 원고를 다루는 듯하다. 어쨌거나 원고를 다루기 어려운 데에는 다양한 이유가 있다. 내용이 굉장히 기술적이거나 이론적일 때가 그렇다. 스와힐리어나 일본어가 포함된 경우도 그렇고 수학 방정식, 또는 복잡한 표와 그래프, 그리고 전공자나 관련자가 아니면 이해하기 어려운 도표 등이 실린 경우도 다루기가 무척 까다롭다. 관련 전공자만 아는 특수 용어와 수백 개가 넘는 인용문이 사용되어 있을 수도 있다. 게다가 이 모든 자료가 일관성 있게 정리되지 않았을 가능성도 있다. 글을 쓴 사람의 집필 능력 및 문서 작성 프로그램을 활용하는 능력이 아주 형편없을 때도 있고, 아니면 글이 너무 길어서 읽기 힘든 경우도 있다.

이런 어려움과 마주하는 것은 편집자에겐 일상생활이다. 한 땀 한 땀 누비질을 하듯 한 줄 한 줄 읽어가며 이런 문제들을 살핀다. 일이 잘 풀리면 안도감과 자신감이 생긴다. 자신이 교정한 부분을 서식 시트에 쭉 정리해서 남긴다. 한 번에 한 페이지씩 필요한 곳에 질서와 체계를 세워간다.

내 경험으로 볼 때 다음 두 가지 경우에 해당하는 원고는 위험하다. 첫째, 작업할 때 전혀 머리를 쓸 필요가 없는 원고이다. 즉, 지극히 따분한 작업을 반복해야 하는 원고를 뜻한다. 둘째, 앞의 상황과는 정반대로 대단히 복잡한 원고이다. 이 두 가지 경우에 해당하는 원고를 만나면 나는 걱정부터 앞선다. 마감까지 시간이 너무 오래 걸리는 것은 아닌지, 지루해서 또는 서두르느라 작업의 질이 떨어지진 않을지, 같은 일을 반복하다 보면 경솔한 실수를 하게 되지 않을까 하는 생각을 하게 된다. 위험한 원고를 만나면 당신이 다치지 않도록 사전에 취할 수 있는 행동을 모두 취해야 한다.

머리 쓸 필요가 없는 지극히 따분한 업무

편집자가 따분한 업무를 맡지 않아도 될 만큼 세상은 그리 호락호락하지 않다. 문서 작성 프로그램이 훨씬 정교해지면서 잡일이 크게 줄어든 것은 사실이다. 문제는 작가도 똑같은 프로그램을 사용할 줄 안다는 점이다. 이 똑같은 프로그램으로 작가가 원고에 매우 끔찍한 일을 저지르면 편집자는 이것을 수습해야 하는 처지에 놓인다. 게다가 작가는 본인이 그 어떤 하자를 원고에 남겨도 컴퓨터가 자동으로 해결해줄 거라고 생각한다. 그러나 작가가 도표 3의 저작권자로부터 도표 사용 승인을 받지 못했다고 해서 편집자더러 이를 뺀 나머지 도표 389개에 일련번호를 새로 부여하고 본문에서 각 도표가 언급될 때 새 일련번호가 제대로 명시되었는지 확인하라고 요구해서는 안 될 것이다. 50쪽짜리 후원 업체의 대표자 명단을 작성하면서 실수로 성과 이름의 순서를 뒤바꾼 것은 작가 본인임에도 편집자더러 그것을 바로잡으라고 요구하는 것도 그렇고, 작가가 각주만 적어놓은 파일을 별도로 주면서 본문 원고에 각주를 끼워 넣으라고 편집자에게 요구해서도 안 된다.

그렇지만 편집자는 늘 이런 잡일과 부딪힌다. 이렇게 하기 싫은 일과 마주했을 때 적용할 수 있는 세 가지 전략 '자동화하기, 위임하기, 재평가하기'를 소개하겠다.

1. 자동화하라. 길고 따분한 잡일과 마주했을 때 적용할 수 있는 첫 번째 전략은 문서 작성의 지름길을 찾는 것이다. 꼭 마무리 지어야 할 일이고 컴퓨터상에서 자동으로 해결할 수 있는 길이 있을 것 같으면, 나는 설령 내 손으로 한 시간이면 해결할 수 있는 일도 그 길을 찾는 데 기꺼이 두 시간을 할애하겠다. 적어도 다음번에는 훨씬 빨리 해결할 수 있을 테니까. 프로그램 매뉴얼을 살피고 인터넷도 뒤진다. 그래도 안 되면 마지막으로 '그 사람'한테 물어본다. 누구든지 '그 사람'을 한 명 정도는 알고 지내야 한다. 물론 여자일 수도 있다. 여기서 '그 사람'이란 문서 작성에 대해 모르는 게 없고 무척 인내심 강하면서 당신을 위해 어느 때라도 시간을 낼 수 있으며 답변을 빨리 주는 사람을 뜻한다. '그 사람'과 좋은 관계를 유지하려면 너무 자주 질문을 해서 귀찮게 하는 일이 없도록 각별히 조심하라. 수단과 방법을 다 동원해도 문제가 해결되지 않을 때만 도움을 청해야 한다. 나는 굉장히 멋진 '그 사람'을 알고 있지만, 여기에도 일종의 먹이사슬이 존재한다. 요컨대 나도 몇몇 사람에게는 그들의 '그 사람'일 수도 있을 것이라 생각한다.

문서 작성의 자동화 기능을 적용해도 해결이 안 되는 일을 끝내야 한다고? 두 번째 전략을 바로 알려주겠다. 그 일에서 발을 빼라.

2. 위임하라. 원고 제출 양식이 엄격해서 작가가 이 양식을 꼭 따라야 하거나 지정 편집자와 기획 편집자가 든든히 버텨주는 곳에서 일하고 있다면, 당신은 매우 운이 좋은 것이다. 윗사람에게 이런 대책 없는 원고를 보내기만 하면 되니까(시카고대학 출판사의 편집자들은 '위층upstairs'에 보낸다고 표현한다). 출판사가 요구하는 사내 기본 규정을 원고가 충실히 따르고 있는가를 확인하는 것은 작가의 책임이라고 보기 때문에 가능한 일이다. 권위 있는 작가는 '위층'에서 결정한 대로 조용히 따를 수도 있다. 그렇지 않다고 하더라도 작가가 직접 몇 시간 동안 컴퓨터와 씨름하는 것을 염려할 필요는 없다. 일에 굶주린 인턴사원과 대학원생은 이럴 때를 위해 존재하는 법이니까. 운이 좋아서 당신의 사무실에 보조원이나 인턴사원이 아예 배정되어 있고 당신이 인정사정없이 그들을 착취할 수만 있다면 그들에게 일을 넘기는 꾀도 부릴 수 있다. 그러나 내 경험에 따르면 내 시간을 쏟아붓기가 아까운 수준의 잡일은 보조원의 시간도 할애하기 아깝다는 거다.

아, 당신이 바로 그 인턴사원이거나 보조원, 일에 굶주린 대학원생이라고? 아이고, 편집자들은 당신에게 늘 고마움을 느낀다. 꿋꿋

이 버텨내도록 하라. 좋은 날은 꼭 올 테니까.

아니면 혹시 프리랜서 편집자인가? 그렇다면 도움을 요청하라. 고용주나 편집주간이 측은히 여길지도 모른다. 당신을 고용한 것은 더욱 중요한 임무를 위해서였기에 이런 사무직에 가까운 업무를 맡아줄 다른 사람을 고용해줄 수도 있다. 프리랜서에게 보내는 커버레터에 내가 항상 언급하는 사항이 있다. 단순노동에 가까운 업무 때문에 아까운 시간을 허비하지 않도록 사전에 늘 나와 상의하라고 요구한다.

어떤 편집자는 작업이 아주 단순하거나 전문적이거나 또는 손봐야 할 곳은 많은데 시간이 턱없이 부족할 때 외주를 주기도 한다. 규정이 잘 전달되고 지켜지기만 한다면 문제 될 것은 없다. 고용주는 당신이 맡은 업무와 당신의 능력을 고려해서 적정 수준의 작업료를 지급한다. 그러니 당신보다 못한 수준의 사람이 한 일을 마치 본인이 한 것처럼 그대로 제출하는 것은 옳지 않다. 상당 부분이 당신의 관리·감독하에 이뤄졌음을 분명히 밝힐 수 있고, 그에 대한 책임을 당신이 질 수 있다면, 당신의 고용주도 당신이 외주를 주는 것에 동의할 것이다.

위임하는 상대가 프리랜서이든 보조원이든 혹은 작가이든 간에 위임한다는 것을 특전쯤으로 여겨야지 관리·감독의 근본적인 책임에서 벗어났다고 생각하지는 마라. 당신 대신 다른 누가 전자파일을 다룰 때는 전에 없던 실수가 덤으로 생길 수 있고 결과적으로 더 많은 문제점이 발생할 수도 있다는 점을 고려해야 한다.

나는 일단 일의 시작을 내가 했다면 중간에 그 일을 다른 사람에게 넘기지 않는다. 도움을 구할 최적의 시기는 일을 시작하기 직전이다. 그래야 일이 진행되어가는 것을 지켜보면서 상대가 어떤 곳을 수정했는지 확인할 수 있다. 그런데 만약 그 누구도 당신을 대신해서 골치 아픈 업무를 해줄 수 없다면 남은 것은 최후의 전략뿐이다.

3. 재평가하라. 당신이 이 밉상인 일을 누군가에게 떠넘길 만한 인물이 못 된다면 본인의 양심에 귀를 기울여볼 필요가 있다. 즉, 그 누구라도 이런 일은 해서는 안 되는 게 아닐까 하고 의심해보는 것이다. 종종 이처럼 머리를 쓸 필요가 없는 일은 원고가 형편없을 때 일어난다. 그러나 그 외에는 완벽할 필요가 없는 일에 완벽을 기하려는 잘못된 충동 때문에 생긴 결과인 셈이다.

자동화 기능을 사용할 수도 없고 직접 엄청난 양의 시간을 원고에 투자해야 할 것 같은 단순하고 반복적인 일이 눈앞에 놓여 있다면 잠시 멈추고 생각하라. 이 골치 아픈 작업이 진짜로 원고에 흠이 있어서 생긴 일인지, 아니면 당신이 당연히 옳다고 알고 있는 편집 형식과 외관상 조금 다른 것뿐인지. 그대로 두면 독자가 불편을 겪거나 독자의 오해를 살 소지가 있다면 다른 동료에게 보여주고 의견을 물어라. 시간을 투자할 만한 가치가 있는 일인지 편집주간에게 물어보라. 그런데도 결국 이 일은 꼭 당신이 마무리 지어야 할 것으로 드러났는가? 그런 당신을 위한 전략을 따로 덧붙인다.

4. 운명을 받아들여라. 팔을 걷어붙이고 한번 전력을 기울여보는 거다. 머리보다는 손목을 써야 하는 지극히 기계적인 업무라면 음악으로 분위기도 잡고 커피나 콜라로 자신을 달래주기도 하라. 마르가리타는…… 좀 더 참자. 그렇게 일이 끝날 때까지 묵묵히 해보는 거다. 앉은자리에서 한 번에 끝내야 할 일이 아니라면 편집을 진행하면서 일정량씩 해나갈 수 있을 테니, 적어도 손목뼈가 나가서 응급실에 실려 가는 일은 없을 것이다.

대단히 복잡한 원고

머리를 쓰지 않아도 되는 반복적인 일은 작업자를 미치게 하지만 너무 복잡한 일은 작업자를 지쳐 나가떨어지게 한다. 이런 작업을 할 때는 주의 집중력을 최대한으로 끌어올려야 한다. 연례보고서를 예로 들어보자. 본문에 나오는 표와 도표의 자료 출처를 각주로 처리하면서 일련번호를 붙였다. 본문의 다른 부분에서 이전의 표와 도표를 언급할 때에도 이 각주 번호를 그대로 사용했다.[1] 별일 아니다. 각주 설명이 자동으로 연결되어 있으니까 각주 체제만 두 개로 따로 지정해놓고 '잘라내기' 해서 간단히 '붙여넣기'만 하면 된다. 그러면 각주 번호는 자동으로 다시 부여될 것이다. 문제는 어느 표나 도표를 인용할 때 해당 자료의 각주 설명에 해당하는 자료 출처와 관련자명을 이렇게 전부 드러내지 않고(Quentin Dinwiddie, Zamboni Repair in the Home 〈Omaha: Bizboom Press, 2007〉, appendix 42), 저자가 바로 전에 인용했던 자료를 독자에게 각주 번호('see n. 198')로만 언급할 때이다. 이처럼 손으로 직접 친 각주 번호는 각주의 일련번호 체계와 링크되어 있지 않다. 따라서 새로 부여된 일련번호를 일일이 확인한 후 직접 수정해줘야 한다. 그래도 이 정도는 꽤 간단한 작업에 속한다. 만약 각주 설명 전체가 해당 표나 도표의 해설에 포함되기도 하고 동시에 본문 내용에도 포함된다면 어떨까?

당신은 어떤지 모르겠으나 나는 이런 문제를 만나면 혹시 고쳐야 할 사안이 복잡하게 얽히면서 내가 앞에서부터 순서대로 잘 확인해오던 것에 실수가 생기면 어쩌나, 그러다 처음부터 다시 확인하는

---

[1] 벌써 상황을 눈치 채고 얼굴을 찌푸리는 사람이 있을 것이다. 적어도 뭔가 골치 아픈 일이 생길 거라는 내 말을 믿기는 하겠지. 이런 방식으로 자료 출처와 관련자명의 각주를 처리하면 해당 각주가 관련된 표나 도표와 같은 쪽에 나란히 실리지 않을 수도 있다.

사태가 벌어지진 않을까 하는 두려움이 생긴다. 이것을 편의상 '원상 복귀의 두려움Fear of the Major Undo'이라고 부르자.

우리는 삶의 다른 영역에서도 원상 복귀의 두려움에 자주 부딪힌다. 아이를 낳고 얼마 안 되어 나는 퀼팅 모임에 가입했다. 완벽을 추구하는 것으로 따지자면 퀼팅하는 사람은 편집자를 무색하게 할 정도이다. 이들은 어딘가 조금 잘못되었다 싶으면 지난 몇 시간을 쏟아부으며 바느질했던 것을 아주 흔쾌히 뜯어내고 처음부터 다시 시작한다. 과정 자체를 중요하게 생각하기 때문에 끝내는 데 몇 년이 걸리든 신경 쓰지 않는다. 퀼팅하는 이들은 작품의 완벽성에 대한 자부심이 대단해서 오히려 작품에 드러난 실수를 소개하는 것이 관례가 될 정도이다. 신 앞에 겸손하기 위함이다. 이 모임에 들기 전까지 나는 바늘을 들고 차분히 앉아본 적이 없었다. 이게 사실인지 나의 친정 엄마에게 확인해봐도 좋다. 아마 질문을 받으면 엄마는 꺼이꺼이 하고 웃으실 거다. 나는 단지 퀼팅을 통해 삶에 필요한 인내심을 기르고 싶었을 뿐이다. 그리고 결과적으로 나는 선Zen의 상태와 비슷한 참을성을 기를 수 있었다.

불행히도 이때 기른 참을성은 삶의 다른 영역에서 효과를 발휘하지 못했다. 원상으로 되돌리거나 재작업을 하기 위해서 이미 한 번 손을 봤던 부분을 또 들춰봐야 한다는 사실만큼 날 화나게 하는 일은 없었다. 작업이 지루하고 시간을 낭비한다는 것 이상으로 나를 고통스럽게 하는 것은 원상으로 되돌리고 나면 처음만큼 조심스럽고 신중한 태도를 유지하기가 거의 불가능하다는 것이다. 무척 고통스럽다. 내가 미처 신경 쓰지 못하고 놓치는 부분이 있을 수밖에 없다는 생각이 들면서 전에 없던 잘못을 오히려 만들어버리는 게 아닌가 하는 생각까지 든다. 만약 정말 그렇다면 이것은 원고에 해를 입히는 것이다. 복잡한 작업일수록 편집자는 자신이 원고에 해를 입힐 확률이 높다고 스스로 생각한다. 머리를 쓸 필요가 없는 따분한 작업은 시간과 인내를 요하기는 하나 대부분 무사히 원상으로 되돌릴 수 있다. 하지만 내가 지금 얘기하는 위험한 작업은 절대로 그렇게는 할 수가 없다. 애당초 심혈을 기울여서 바꿔놓았던 것들은 다시 되돌릴 때에도 그만큼의 수고가 든다.

복잡한 작업을 원상으로 되돌리거나 다시 해야 할지도 모른다는 두려움은 설령 머리를 쓸 필요가 없는 작업일지라도, 지금 하고 있는 수정 작업이 꼭 필요한 것인지 심사숙고하는 기회를 제공한다. 눈앞에 놓인 원고에 메스를 대기 직전인가? 그렇다면 다음 세 가지 질문을 자신에게 해볼 것을 강력하게 권유한다.

1. 틀렸는가? 글의 구성이나 전반적인 맞춤법 그리고 원고 양식에 관한 작가의 결정이 잘못되었다기보다는 그냥 당신의 방식과 다른

것일 수 있다. 혹시 원고가 권위 있는 매뉴얼을 따랐거나 당신이 선호하는 매뉴얼에 맞춰 재작업하기엔 시간이 너무 많이 걸릴 것 같은가? 그렇다면 머리를 쓸 필요가 없는 부분의 작업을 진행할 때는 내가 앞서 제시한 네 가지 단계별 전략(자동화하기, 위임하기, 재평가하기, 운명을 받아들이기)을 우선 적용해보라. 당신이 알던 매뉴얼을 따르진 않았어도 원고에 일관성이 엿보이고 정돈이 잘 되어 있다면 그대로 두는 것도 심각하게 고려하라.[2] 최근에 나는 책 몇 권에 실린 참고 문헌의 목록을 편집했다. 이들 목록은 들으면 알 만한 매뉴얼 여러 개를 혼용해서 특이하게 작성해놓은 것이었다. 한 저자는 날짜를 괄호 안에 적었다. 또 어떤 저자는 'ed. (editor 또는 edition의 약자—옮긴이)'를 괄호 안에 적어놓기도 했다. 공동 집필한 다른 저자들의 성명을 'Boyer, S.G.'처럼 성/이름순으로 바꿔놓은 저자가 있는 반면, 맨 처음에 놓인 저자의 성명만 성/이름순으로 바꿔놓은 저자도 있었다. 전반적으로 깔끔하고 목록 내용도 일관성 있고 모호하지 않게 정리되어 있었다. 그래서 나는 자동 기능을 사용해서 고칠 수 있는 부분만 다듬고 나머지는 그대로 두었다.

---

2 모든 편집자가 사내 매뉴얼의 활용 여부를 탄력적으로 결정할 수 있는 것은 아니다. 가령 신문이나 학술지의 경우엔 인용문의 출처를 밝히는 양식을 절대로 바꿀 수 없다. 다행히 대부분의 신문과 학술지는 원고 양식의 기준을 상당히 엄격하게 제시하기 때문에 작가가 원고를 제출하려면 이 기준을 반드시 지켜야만 한다. 수준 미달의 원고는 작가에게 돌려주고 대신 수정 후 다시 제출할 수 있는 기회를 준다.

2. 헷갈리는가? '헷갈린다'는 '틀렸다'보다 양호한 상태로, 개선을 위해 개입할 필요가 있는 상태이다. 원그래프 옆에 각 항목이 차지하는 비율을 쓸 때 백분율로 따져서 수치가 큰 것부터 늘어놓지 않고 각 항목의 가나다순으로 나열한다고 해서 틀린 것은 아니다. 항목들 중 어느 것이 가장 큰 수치를 차지했는지 독자가 한눈에 알아보기 어려워질 뿐이다. 이와 달리 지자가 각주에 인용문을 표기하면서 참고 문헌 목록의 양식을 따른 경우를 보자. 인물의 이름은 성/이름순으로 적고 항목들 사이에는 세미콜론 대신 온점과 반점을 찍어놓으면 독자는 한 인용문의 시작과 끝을 구분할 수 없게 된다.

32. Lynne, N. 1994. "The Chicken or the Egg?" In Hysteron Proteron. Ed. M. Parish. Cambridge, pp. 32-117, Dawn, R. 1958. "Spacing and Spacing Out: Unreasonable Reasoings." Miseologus 3:244-29.

위의 내용은 수정되어야 한다. 이럴 때는 꼭 관례대로 하지 않아도 되는 경우이다. 원그래프가 매우 단순하거나 항목의 이름과 항목이 차지하는 원 안의 부채꼴 조각을 같은 색으로 나타내준다면 큰 무리가 없을 것이다. 참으로 독특한 참고 문헌 목록의 양식들,

즉 날짜를 어디에 썼는지, 또 각 장의 제목에 따옴표를 붙였는지 등등 이런 것들이 정말로 그렇게 중요할까? 전체적으로 일관성 있고 쉽게 알아볼 수 있으면 괜찮지 않을까? 주체할 수 없을 만큼 시간이 많아서 규정대로 이런 세세한 부분까지 다듬을 수 있다면 좋겠지만 당신은 그럴 시간이 없다. 더군다나 방구석의 먼지 뭉치만큼이나 작은 일을 잡고 물어지는 사이에 어쩌면 침대 밑의 괴물은 그냥 지나치게 될지도 모른다. 내용과 관련된 더 중요한 문제점들 말이다. 한마디로 특이한 매뉴얼을 따랐다 하더라도 원고가 논리 정연하고 명확하다면, 그리고 어느 정도 융통성을 부려볼 만한 사안이라는 느낌이 든다면 작가가 쓴 대로 그냥 두어라.

최근 Q&A 섹션에 올라온 한 질문에 대해 위의 내용으로 답을 했더니 질문자가 급히 답장을 했다.

> 아, 예, 답변 감사합니다. 보내주신 답변을 아래와 같이 요약하면 될까요?
> • 시간 낭비하지 마라.
> • 매뉴얼을 고수하라. 단, 내키지 않을 때는 제외.

'내키지 않을 때'를 '자신의 처지와 맞지 않을 때'로만 바꾸면 내 답변을 제대로 짚은 셈이다.

3. 보기에 안 좋은가? 작가의 결정이 틀렸거나 헷갈린 것은 아니지만, 미적인 측면에서 봤을 때 지면에 보기 싫게 깔린 채로 인쇄되어 독자의 독서를 방해하는 경우가 가끔 있다. 예로, 단위가 너무 큰 숫자가 연달아 등장하면 보기에도 안 좋고 이해하기도 싫어진다. 이런 정보라면 차트나 표로 제시하는 것이 낫다. 반대로 표로 정리한 자료가 더 흉해 보일 때도 있다. 표 하나를 만드는 것은 표가 없다고 지적하거나 원래 있던 표를 재정리하는 것보다 훨씬 어렵다. 게다가 표를 만드는 사람은 이에 대해 깊이 이해하고 있기 때문에 정작 독자가 그 표를 이해하고자 할 때 발생할지 모를 문제점은 쉽게 알아채지 못한다. 길고 좁은 표는 두 개로 쪼개서 좌우로 나란히 두는 게 더 낫다. 때로는 표의 상하좌우의 방향을 바꿔서 제목이나 내용이 길어도 칸 안에 전부 들어갈 수 있도록 공간을 넓혀줘야 한다. 이런 문제를 두고 관련 전문 지식보다는 개인적인 취향대로 해결하다 보면 사람들과 의견 일치를 보기 힘들어지는 것은 당연하다. 여기서 중요한 것은 독자의 흥미를 떨어뜨릴 만한 사항이 발견되면 편집자가 시간과 노력을 들여서라도 더 나은 방향으로 수정해야 한다는 것이다.

편집 과정에서 다소 복잡한 교정 작업을 하기로 결정을 내렸다면 1부에서 얘기한 덕목 중 조심성과 투명성의 중요성을 기억하라. 조심성은 사소하게 실수하지 않도록 도와줄 것이고 투명성은 작업 상황을 확인하거나 곤란한 상황에서 쉽게 원상 복귀할 수 있도록 도움을 줄 것이다. 셰익스피어에 관한 책을 작업할 때 나는 어렵사리 위기를 모면한 적이 있었다. 인용문들이 나와서 그 첫 글자의 대·소문자에 손을 댔다. 작가를 위해서 처음에는 수정한 내용을 이런 식으로 'like this' 또는 'Like this'라고 기록을 남겼다. 그러다 작가가 내 작업의 의도를 파악했다 싶을 때쯤 별다른 표시 없이 교정 작업을 이어갔다. 만약 그때 작가가 나중에라도 본래의 원고대로 되돌리고 싶어 했다면 다른 인물들의 인용문 사이에 드문드문 끼여 있는 셰익스피어의 인용문을 찾아서 처음 상태로 되돌리기 위해 수정 원고를 샅샅이 뒤졌어야 했을 테지만, 다행히도 작가는 『시카고 매뉴얼』을 따라주기로 했다. 레드라이닝을 활용해서 투명성을 유지했더라면 좋았겠지. 아예 작업 전에 작가에게 먼저 물어봤더라면 더 좋았을 것이고. 이것을 투명성의 유지를 보장받는 엑스트라 보험쯤으로 기억해두자.

투명성을 유지하는 또 다른 방안은 본래의 원고와 함께 편집자가 작업한 원고의 일부를 샘플로 보내는 것이다. 그래야 작업을 많이 진행하기 전에 해당 부분에 관한 편집자의 의도를 작가가 파악할 수 있을 것이다.

어처구니없는 실수를 했을 때

가끔 편집자도 실수를 한다. 인정할 건 인정하자. 실수를 눈치채는 사람이 없기를 빌어봐야 소용없다. 나도 작가의 심기를 건드리진 않았지만 원고를 엉망진창으로 만든 적이 딱 한 번 있었다. 난독증이 매우 심한 작가가 편집 원고와 교정쇄를 직접 검토했기에 가능했다. 당시 빠져나갈 구멍이 있었느냐고 내게 물으면? 그냥 웃기만 하겠다. 내가 부끄러워서 얼굴 들기도 힘들었던 그때, 어느 비평가가 이런 글을 썼다. "마지막으로, 주요 대학 출판사의 산물치고 이 책은 편집이 형편없다는 것을 밝히는 바이다. 오·탈자 및 불필요한 중복이 너무 많다." 당시, 그 끔찍한 원고를 완벽하게 만들고자 편집자로서 여러 방면으로 고심하며 각별한 노력을 기울였음에도 어떻게 평소보다 훨씬 많은 실수를 그대로 인쇄하게 내버려두었는지 해명할 수도 있었다. 하지만 결국 모든 것은 내 책임이라는 사실에서는 벗어날 수 없었다. 내가 저지른 가장 큰 실수는 우리 부서가 교정쇄를 검토하지 않았다는 것과 작가가 그러기엔 무리가 있었다는 것을 잘 알면서도 교정쇄 단계에서 전문 교정자를 고용하라고 출판사에 권고하지 않았던 점이다.

어쨌거나 그 당시 상황을 수습하기 위해 내가 할 수 있는 일은 없었다. 보통은 편집상 큰 실수가 있다면 작가나 편집주간이 편집 원고를 살필 때 발견하게 마련이다. 그러면 편집자인 당신은 그 실수를 바로잡아야 한다. 이 과정에서 깊이 생각하고 주의를 최대한으로 기울여라. 그리고 사과하라. 시간적 여유가 있고 편집주간이 허락한다면 새로 고친 원고를 작가에게도 보여줘라. 책을 출간하는 경우에는 작가가 교정쇄를 점검할 때 모든 게 잘 고쳐졌는지 작가 스스로 확실히 점검할 수 있다.

처음에 정한 편집상의 결정에 따라 작업을 쭉 진행하다가 도중에 그 결정을 후회하게 될 때도 있다. 작가는 그런 사정을 알 기회가 없었다고 치자. 원고 곳곳에서 자주 등장하는 사안과 관련한 문제라면, 또는 처음으로 돌아가서 다시 살핀다고 해도 쉽게 해결할 수 있는 문제가 아니라면 사태는 매우 심각하다. 예를 들어, 신God을 지칭하면서 'He'와 'Him'을 이렇듯 대문자 'H'로 시작해놓은 것을 당신이 소문자 'h'로 바꿔놓았다고 하자. 왜냐하면, 작가가 자신의 신학적 견해를 밝혀놓은 것도 아니고 문맥상 맞지도 않을뿐더러 오해의 소지가 있는 데다 결정적으로 일관성이 전혀 없기 때문이다. 그런데 얼마 지나지 않아서 이 대명사들이 등장하는 횟수가 빠른 속도로 불어난다. 수십 개의 대명사가 줄지어 나오는가 싶더니 첫 글자는 전부 대문자다. 그제야 작가는 각주를 통해 이렇게 밝혀놓는다. 특정 대명사의 첫 글자를 대문자로 표시한 까닭은 어머니가 부탁하신 일이기 때문이라고. 그것도 임종 때.

본래의 원고에서 'he'와 'him'처럼 첫 글자를 소문자로 바꿔놓은 부분을 찾아서 다시 고치는 데는 시간이 좀 걸리겠지만, 지금이라도 그것이 가능하다는 사실에 행복해해야 한다.

이렇듯 시간을 많이 투자해야 하는 작업을 시작하기 전에는 그만큼 정말로 중요한 일인지 심각하게 고민해봐야 한다. 시간과 공을 들일 만큼 가치 있는 사안이 아닌 경우도 있기 때문이다. 다음처럼 대명사 'one'으로 시작하는 문장이 나왔다고 치자. [One might think that this is true……], 그 뒤로 다음과 같이 작가가 'one' 대신 'you'를 사용한 문장을 발견했다. [……in spite of everything you learned in kindergarten]. 그 순간 당신은 앞으로 돌아가서 'one'을 'you'로 바꿔놓고 다시 읽던 곳으로 돌아와서 단락을 쭉 읽어가는데…… 주인 잃은 강아지처럼 'one'이 다시 튀어나온다. 곧 당신은 이제 그 원고에서 'one'을 없애는 일에 두 팔을 걷고 뛰어들게 된다. 눈에 더 거슬리는 다른 것이 포착되기 전까지는. 수십 쪽을 읽어 내려갔을 때쯤 'one'이 다시 떠오르면서 혹시 실수로 몇 개를 남겨놓지 않았을까 걱정이 밀려온다. '으악! 이게 그렇게 중요해? (아니) 앞으로 돌아가서 다시 확인할 만한 가치가 있어? (아니) 작가가 눈치

챌까? (아마도. 앞에서 바꿔 놓은 'one' 때문에 꼬리가 밟힐 거야).'

이런 경우의 적절한 대응은 작가에게 편집 원고를 넘기면서 해당 사안에 대해 미리 밝혀주는 것이다. 작가가 여기에 관심을 갖는다면 원고를 읽으면서 신경을 쓸 것이다. 작가가 실망하는 일이 없도록 해당 사안이 왜 선택적이며 그리 중요하지 않은가에 대해 다음과 같이 설명하라. "원고 초반에는 작가님이 'one'과 'you' 중에서 어느 것을 사용했는지 주의를 기울였지만 좀 지나고부터는 이 부분에 신경 쓰지 않기로 했습니다. 어느 특정한 문장을 제외하면 다양성을 배제해가면서까지 둘 중 하나만 고집해야 할 이유가 없을 것 같아서요. 이런 점에서 만약 제가 바꿔놓은 것을 원상태로 되돌리고 싶으시거나 일관성 유지를 위해 달리 수정하고 싶으시다면 마음 편히 고치시기 바랍니다." 세부 사항을 놓고 유난 떨지 말자. 심각한 사항이었다면 아래처럼 당신이 벌써 처음으로 되돌아가서 직접 해결을 봤을 거다. "잠깐 딴 얘기를 하다가 시에 대한 논의로 다시 돌아올 때는 해당 시의 일련번호를 언급해주는 것이 좋겠습니다. 본문이 시의 일련번호로 벌집이 되는 상황이 벌어질까 싶어서 일일이 확인하지는 않았지만 제가 본문을 읽다가 '잠깐, 몇 번 시에 관해 얘기하고 있었지?' 하는 생각이 드는 부분에서는 논의 중이던 시의 일련번호를 붙였어요. 원하시면 다른 시들에도 번호를 붙이셔도 좋고 눈에 거슬린다고 판단하시면 제가 해놓은 것을 삭제하셔도 좋습니다."

가끔은 편집 원고를 살피던 작가가 편집상의 실수를 꼬집을 때 편집자 쪽에서 아무리 발버둥쳐도 합리화할 수 없을 때가 있다. 얼마 전에 나는 소설을 한 권 편집했다. 내겐 상당히 드문 일이었다. 주인공은 자신을 역사적으로 실존했던 유명한 스페인 탐험가라고 소개했다. 그런데 안쪽 표지에 소개된 인물의 이름에는 억양 표시가 제대로 되어 있었지만, 본문에서는 일관성이 유지되지 않았다. 그리 놀랄 일은 아니었다. 많은 작가가 이름을 입력할 때 억양 표시를 생략한다. 모른 척하고 넘어가거나 나중에 누가 대신 해주겠거니 하고 다소 게으른 생각을 하는 것이다. 그래서 나는 잘못 표기된 이름들을 잽싸게 바꿨다. 수백 개나 되는 것들을 '찾기'와 '바꾸기' 키를 이용해서 번갯불에 콩 볶아 먹듯 해치웠다. 그리고 작가한테서 편집 원고를 다시 돌려받기 전까지 나는 이 부분에 문제가 있을 거라곤 꿈에도 생각지 못했다. 작가는 내가 붙여놓은 억양 표시를 왜 지웠는지 친절하게 설명을 남겼다. 그렇다. 이건 소설이었다. 작가가 모른 척하고 넘어간 것도, 다소 게으른 생각을 품은 것도 아니었다. 단지 억양 표시를 제대로 붙일 곳과 붙이지 않을 곳을 신중하게 고려해서 얻어낸 작가의 형식이 아주 용의주도하고 기발했을 뿐이었다. 우리는 한동안 독자가 이런 식의 구분을 이해할 수 있을지에 대해 논쟁을 벌였다. 그러나 좋은 소설이 대개 그러하듯, 이 소설의 구성은 매우 치밀했고 이런 치밀함이 모여 만든 복잡함이 읽는 재미를 더했다. 어처구니없는 실수를 저지른 것이었다. 이 일은 중대한 사안이었고, 한 번에 하나씩 이름의 억양 표시를 원상 복귀시키는 것 외엔 다른 방법이 없었다.

혹시 자동 기능을 사용하여 복잡한 작업을 처리할 때 더 위험한 사안들이 발생할 수 있는데도 내가 언급을 피하는 것처럼 보였는가? 그건 결코 당신이 문서 작성의 귀재일 거라고 생각해서가 아니다. 오히려 문서 작성에 관한 장을 따로 마련하는 편이 낫겠다고 판단했기 때문이다. 다음 장에서 이에 대한 얘기를 이어가겠다.

A 글쎄요. 반점을 연속해서 쓸 수 없도록 한다면 다음에 나오는 가상의 헌사와 같은 상황에 빠질 수도 있어요. 우리 편집장이 자주 사용하는 예랍니다. "With gratitude to my parents, Mother Teresa and the pope."* 혹시 이 예시가 회사 방침을 바꾸는 데 도움을 주지 않을까요?

---

* 'Mother Teresa' 다음에 반점을 찍지 않아서 마치 테레사 수녀(Mother Teresa)와 교황(the pope) 이내 부모님(my parents)인 것처럼 오해할 수도 있는 상황이 벌어졌다는 의미이다. 본뜻은 "내 부모님, 테레사 수녀님 그리고 교황님께 감사드립니다"이다.

7장
워드프로세서를 알지어다

Q 괄호를 써서 부연 설명을 더하고 끝에 이모티콘을 붙이고 싶습니다. 그런데 이 이모티콘 자체에 열고 닫는 괄호가 포함돼버리면 부연 설명을 닫는 괄호와 나란히 놓이면서 보기에 좀 어색해요. 이모티콘 활용 규정 같은 게 있나요? (1) 이모티콘을 닫는 괄호의 일부로 포함해야 하나요? (이런 식으로요. :-) 아니면, (2) 조금 이상하긴 해도 이모티콘을 닫는 괄호와 나란히 두어야 할까요? (그러면 웃는 얼굴에 턱이 두 개 생겨요. 이렇게요. :-)) 아니면, (3) 중간에 한 칸 띄어쓰기를 할까요? (이렇게요. :-)) 이것도 아니면, (4) 이런 상황을 피할 수 있도록 의미는 비슷하지만, 모양은 다른 이모티콘을 사용하고 (:-D), 처음에 쓰려던 이모티콘은 다른 데에서 사용하거나 아예 빼야 할까요?

편집에서 '선무당이 사람 잡는다'라는 말이 사실이라면 문서 작성에서는 이 말이 곱절로 사실이다. 손가락 클릭 한 번으로 번개를 내리칠 수 있을 정도니까. 특정 매뉴얼을 통달하기로 결심했다면 문서 작성법도 그만한 수준에 이를 수 있어야 한다. 새 버전이 출시될 때마다 문서 작성 프로그램의 기능은 더욱 강화되어 귀찮았던 잡일을 자동으로 해결할 수 있게 도와주지만, 한편으로는 해놓은 작업에 극심한 피해를 끼칠 수도 있다.

스무 살을 넘긴 아이의 엄마로서 나는 이 시대의 평범한 대학생이, 그것도 컴퓨터를 좀 만질 줄 안다는 수준으로도 문서 작성 프로그램을 능숙하게 활용하지 못하는 것을 최근에 보고 깜짝 놀랐다. 컴퓨터로 보고서는 작성할 줄 안다. 아마 각주와 미주를 삽입하거나 쪽 번호를 매길 수도 있고, 아주 색다른 글꼴과 글꼴 색을 활용해서 문서를 멋지게 꾸밀 줄도 알 것이다. 여기서 좀 더 발전한 수준이라면 프로그램 자체에 미리 설정된 제목 스타일이나 여백을 새로 설정할 수 있는 메뉴를 다루는 정도일 것이다.

편집자라면 작업의 효율성을 위해 이것보다 훨씬 더 많은 것을 알아야 한다. 구체적인 설명이 포함된 문서 작성에 대한 책들은 우리 주변에 무척 많다. 내 이야기의 목적은 문서 작성법이 아니다. 이 책의 독자들은 다양한 분야에서 활동하고 있고 문서 작성 프로그램의 기능은 급격히 변화하기 때문에 나는 더 일반적인 것에 초점을 두겠다. 즉, 편집자가 컴퓨터 화면상에서 마주칠 수 있는 편집의 어려움에는 어떤 것들이 있고, 또 이에 대처하는 방안은 무엇이 있는지 알아보자.

매뉴얼을 읽어라

　새로운 응용 프로그램을 배우거나 이미 사용 중인 프로그램의 세부 기능을 익히는 방법은 셀 수 없이 많다. 내 생각엔 프로그램에 딸려온 매뉴얼보다는 상업적으로 출간된 매뉴얼을 먼저 읽는 것이 낫다. 전문가 다섯 중의 넷은 매뉴얼의 두께는 적어도 4센티미터쯤은 되어야 한다고 말한다.[1] 매뉴얼을 고를 때는 시중에 나와 있는 책 여러 권을 잘 살펴보아라. 이미 알고 있는 기능에 대해 설명해놓은 페이지를 읽어보면서 설명이 명확한지, 자신이 알고 있는 내용과 비교했을 때 책의 내용이 알차게 구성되어 있는지 확인하라. 한 권을 선택했다면 작업과 연관 있는 부분은 전부 읽고 거기에 딸린 연습문제도 풀어라. 매뉴얼을 항상 옆에 두고 수시로 참고하면서 작업 중 문제가 생기면 그 안에서 해결책을 찾아라. 절대 후회하지 않을 거라 장담하겠다. 시간과 고민을 얼마만큼 덜어주는가를 생각하면 확실히 투자 이상의 효과가 있을 것이다.[2] 그 외로 관련 강의를 들

---

[1] 이런 정보를 인용할 때는 제공된 정보의 출처가 믿을 만해야 한다.

[2] 힐러리 파워즈(Hilary Powers)가 주옥같은 가이드를 썼다. 『Making Word for You: An Editor's Intro to a Tool of the Trade (New York: Editorial Freelancers Association, 2007)』인데, 다음 사이트를 방문하면 값싸게 다운로드 받을 수 있다. http://www.lulu.com/content/1175135. 더욱 종합적인 내용의 가이드로는 허브 타이슨(Herb Tyson)이 집필한 『The Microsoft Word 2007 Bible (Indianapolis: Wiley, 2007)』이 있다. 두께가 5센티미터가 넘는 책으로, 검색이 가능한 CD-ROM도 포함되어 있다.

거나 개인 교습을 받아도 좋다.

문서 작성의 고수가 되고 싶다면 우선 화면에서 마우스를 놀리는 대신 단축키를 사용하는 법부터 배워야 한다. 단축키 사용은 쉽고 재미있을 뿐 아니라, 마우스 조종에 따른 신체적 수고를 덜어주고 시간도 절약되기 때문이다. 모든 문서 작성 프로그램에는 기본적인 단축키 기능이 내장되어 있고 원하면 본인이 직접 설정할 수도 있다. 단축키를 사용하면 한 문서 내 또는 여러 문서 사이를 보다 빨리 이동할 수 있다. 서식을 설정할 때 컴퓨터 메뉴에서 특정 기능만 선택 또는 적용하거나 이미 설정된 일부 기능을 없앨 수도 있다. 글 일부를 잘라내기, 붙여넣기 하는 것은 물론, 화면에 띄운 창을 키우거나 잠시 내릴 수도 있다. 간단히 키 몇 개만으로도 원하는 건 뭐든지 할 수 있다.

문서 작성의 기본 기능을 익히고 나면 그 이상의 기능에 관한 정보의 양은 어마어마하다. 따라서 가장 배우고 싶은 기능부터 활용법을 요약해서 정리하라. 한 번에 두세 가지 기능을 익힐 수 있도록 책상 가까이에 매뉴얼을 놓아두어라. 포스트잇에 관련 설명을 적고 모니터에 붙여라. 그 기능들이 어느 정도 몸에 배었으면 다음 기능으로 넘어가라.

매뉴얼을 익히는 데는 다소 시간이 걸리므로 꾸준히 공부하고, 문서 작성에 관한 어려움에 부딪힐 때마다 다른 데에서도 정보를 얻어라. 소프트웨어 응용 프로그램에 내장된 도움말은 아주 많은 양의 명령을 기록할 수 있도록 도와준다. 단, 컴퓨터 메뉴를 잘 다룰 줄 알아야 한다. 검색엔진 또한 크게 도움받을 수 있는 도구이다. 구글이나 야후에서 문제점 키워드를 입력하면 해결책이 뜰 것이다. 예를 보여주겠다. 저자가 3쪽에 이르는 목차를 전부 대문자로 입력했다고 치자. 그러면 평범한 소제목도 이런 식이 될 것이다.

SIMULTANEOUS DEVELOPMENT WITH MECHANICAL DESIGN

절대 이대로 둘 수 없다. 마치 고함질하듯이 대문자만 늘어놓은 이런 표기법은 그 어디에서도 찾아보기 힘들다. 게다가 3쪽 내내 이런 식이라니. 연필 시대에는 대문자로 표기해야 할 각 문자 밑에 편집자가 일일이 직접 손으로 세 줄 긋기를 해야 했다. 조판을 담당하는 사람은 제목을 나타내는 대·소문자 표기법을 숙지하지 않아도 되었기 때문이다. 어쩌면 요즘도 이런 자잘한 문제를 컴퓨터로 자동 처리하지 않고 인쇄된 원고에 직접 표기해서 제출하는 편집자가 있을지 모른다. 그러나 구글에서 'MS Word shortcuts(마이크로소프트 워드 단축키—옮긴이)'를 입력하면 관련 사이트가 많이 뜬다. 이 사이트들을 방문하면 대·소문자 조정을 위한 단축 기능으로 Shift 키와 F3 키를 동시에 누르라는 정보를 쉽게 얻을 수 있다. 3쪽을 '전체 선택'한 상태에서 Shift 키와 F3 키를 동시에 누르면 아래와 같이 모든 문자가 소문자로 순식간에 바뀔 것이다.

simultaneous development with mechanical design

Shift 키와 F3 키를 한 번 더 동시에 눌러주면 이번에는 제목임을 나타내는 대 · 소문자 표기법에 따라 아래와 같이 바뀔 것이다.

Simultaneous Development With Mechanical Design

다음 단계에서 위 문장의 'With'처럼 첫 글자를 소문자로 바꿔야 할 단어가 나온다면 해당 단어에 커서를 두고 다시 한 번 Shift 키와 F3 키를 써라. 아니면 '찾기-바꾸기' 기능을 사용하여 'The'와 'And'처럼 자주 쓰는 몇몇 낱말들의 첫 글자를 소문자로 바꿀 수 있다. 한 번에 한 낱말씩 하라. 그렇지 않으면 제목 맨 앞에 놓인 낱말 첫 글자를 소문자로 바꿔버릴 수도 있으니까.* 자, 직접 손으로 일

---

* 영어로 제목을 쓸 때는 각 낱말의 첫 글자를 대문자로 쓰되, 관사(a/an/the)나 전치사(to/with/against 등) 의 첫 글자는 소문자로 쓴다. 단, 관사나 전치사가 제목의 맨 처음이나 맨 나중에 올 때는 그 첫 글자를 대문자로 표기한다.

일이 타자를 치지 않고도 이렇게 원고 3쪽을 간단히 해결했다. 수십 쪽이 아니라 수백 쪽이라도 단축키가 있으니 문제없다.

인터넷에서는 문서 작성 기능의 사용 요령에 대한 좋은 조언을 제공하는 유용한 사이트가 넘쳐난다. '에디토리엄The Editorium'에 가면 다운로드 받을 수 있는 매크로가 많이 제공되어 있다. 이 매크로들을 활용하면 탭을 없애거나 띄어쓰기를 정렬할 수 있고 주석의 위치를 옮길 수도 있다. 그뿐만 아니라 자동으로 붙여진 불릿 기호를 원하는 모양으로 바꿀 수도 있으며 '번호 매기기'를 할 수도 있다.[3] 반복적인 잡무를 해결하기 위해 본인의 매크로를 설정해서 시험 삼아 활용해보라.

마지막으로 인적자원을 잊어서는 안 된다. 해결책을 구하지 못했을 때는 동료 편집자에게 조언을 구하는 것이 좋다. 왜냐하면, 그 동료는 당신의 업무에 대해 알고 있으며 지금 당신이 하려고 하는 것이 무엇인지, 어떤 일이 일어나지 않기를 바라는지 정확히 이해할 것이기 때문이다. 편집자와 관련된 리스트서브listserv(특정 그룹 전원에게 메시지를 전자우편으로 자동 전송하는 시스템—옮긴이)에 가입해서

---

3 http://www.editorium.com/. 이 웹사이트에는 무료로 접할 수 있는 정보가 많다. 'Advanced Find and Replace for Microsoft Word' 코너(메인 화면의 Freebies 섹션에서 확인 가능—옮긴이)는 처음에는 굉장히 복잡해 보인다. 그러나 MS 오피스 워드의 와일드카드 기능을 숙지한 상태라면 힘들이지 않고 본인의 수준을 한 단계 끌어올릴 기회가 될 것이다. 이걸 익히면 작업 스트레스가 줄 테니 수명 연장에도 도움이 되리라 본다.

질문을 올리는 것도 하나의 방법일 수 있다. 만약 질문을 올렸다면 대답이 하나 이상 올 때까지 기다려라. 가끔은 나중에 알게 된 예외 규정이 앞서 들은 부적절한 조언으로부터 당신을 구해줄 수도 있다.

사고 보험, 갑작스러운 고장에 대비하는 다섯 가지 방법

당신은 컴퓨터 단축키 덕분에 빠른 작업 속도에 심취하게 될지도 모른다. 그러나 이 속도감에 너무 취해서는 안 된다는 것을 기억하라. 당신은 지금 대리운전 중이니까. 일을 서두르다가 작업 중인 파일 위에 엉뚱한 파일을 '덮어쓰기' 한 경험이나 '찾기-바꾸기' 기능을 성급히 원고 전체에 적용한 탓에 때늦은 후회를 한 경험이 없는 편집자가 과연 있을까? 나는 '파리복숭아회담'(평화 peace를 복숭아peach로 잘못 표기한 예―옮긴이)의 참고 문헌을 작업한 경험이 있다. 유대인과 비유대인Gentile의 관계에 관한 책에서 생식기 Genitals와의 어려움을 여러 차례 언급한 사실이 작가에 의해 출간 직전에 발견된 적도 있었다. 게다가 'causal contact' 상태에 있던 두 유체 요소가 'casual contact' 하게 되었다는 내용의 천체물리학 교재도 있었다. 이 두 가지가 서로 다르다는 것을 나는 아주 뒤늦게 이해했다. 만약 당신이 지금까지 문제없이 잘해왔다면 아마도 그

것은 전자파일을 관리하는 다섯 가지 중요한 실천 전략을 이미 알고 있다는 것이다.

1. 라벨과 폴더. 당신이 컴퓨터 파일 매니저에 커다란 폴더를 하나만 만들어서 그 안에 모든 문서를 저장시켜놓고 관리한다 해도 사는 데 큰 지장은 없다. 그러나 굳이 그러려고 하는 사람이 있을까? 폴더 몇 개를 만드는 일은 아주 간단하다. 그 폴더들 안에 또 폴더를 만들고 그 안에 또 폴더를 만들고……. 폴더야 계속 만들 수 있지만 이쯤에서 그만하겠다. 폴더 만드는 일에 노이로제 걸린 것으로 알 테니까. 원고를 건네받으면 바로 그 프로젝트 이름으로 작업 폴더를 만들어라. 예를 들어, 'Snowden MS'라는 작업 폴더를 만들었다고 하자. 그러면 이번엔 이 작업 폴더 안에 'Snowden Original(스노우든 원본—옮긴이)'이라는 폴더를 또 만들어라. 원본을 더 안전하게 보관하고 싶다면 원본 파일에 잠금장치를 설정해서 원고에 수정을 가할 수 없도록 하면 된다. 중요한 건 어떤 경우에라도 원본 파일을 복사한 사본 파일을 작업 폴더에 저장해놓아야 한다. 이 사본 파일은 나중에 편집할 때 사용할 파일이다.[4] 이쯤에서 만약 원본 파일

---

[4] MS 오피스 워드에는 한 문서의 여러 버전을 저장할 수 있는 효과적인 기능이 있다. 이 기능은 사람에 따라 유용할 수도 있고 그렇지 않을 수도 있다. 여기서 여러 버전이란, 해당 문서의 일부일 뿐, 서로 다른 문서로 존재하는 것은 아니다. 즉, 편집을 하는 중에 몇몇 수정 전후의 원고들을 비교하거나 그 수정 전의 상태로 원고를 되돌리는 데 활용하는 기능이다. 각 버전의 원고는 언제든지 직접 저장해서 따로 보관할 수 있다. 아니면, 자동 기능을 설정해서 파일을 닫을 때마다 새 버전으로 저장되게 할 수도 있다. 각 버전

이 여러 개의 문서로 이루어져 있다면 이들을 하나의 작업 파일로 묶어라. 이때 생긴 커다란 작업 파일을 'Original Combined(하나로 묶은 원본 원고—옮긴이)'라는 이름으로 저장하고 나중에 필요에 따라 활용하라. 여러 개의 문서를 하나로 묶는 일도 단축키를 사용하면 쉽고 간단하다. 가지고 있는 소프트웨어의 성능에 따라 한 개의 파일로 묶어두는 것이 여러 개의 각기 다른 문서로 놔둘 때보다 검색 속도가 훨씬 빠를 수도 있다. 나는 윈도 탐색기보다는 MS 워드의 검색 기능을 더 즐겨 사용한다. 수염 달린 마법사나 긁적대는 강아지가 튀어나와서 나를 놀라게 할 일이 없기 때문이다.

하나의 프로젝트 폴더 안에 여러 개의 폴더를 만들 수 있다. 본문, 표와 도표뿐 아니라, 주고받은 편지 같은 서류 등을 각기 따로 보관하는 하위 폴더와 같은 형태이다. 앞에서 예로 든 'Snowden MS'라는 작업 폴더는 'Manuscript(원고)'라는 폴더에 포함할 수 있겠다. 이 원고 폴더에는 당신이 현재 진행 중인 다른 프로젝트의 원고도 저장되어 있을 수 있다. 원고 폴더 외에도 작업과 관련해서 얼마든

에는 그 버전의 특징을 기록해서 라벨로 붙일 수도 있고 특정 버전을 검색할 수도 있으며, 버전들을 서로 비교할 수도 있다. 대단히 중요한 차이점을 지닌 여러 버전들이 모여서 일종의 백업 파일의 구실을 하는 셈이다. 결과적으로 이 파일의 용량은 무척 커질 것이고 만약 이 파일을 잃어버리면, 그 안에 저장되어 있던 여러 버전들의 원고도 함께 사라진다.

지 다른 폴더를 만들어 활용하라. 행정 업무용 폴더, 스크랩한 자료 모음 폴더, 또는 프리랜서들의 정보를 담아놓은 폴더를 만드는 것도 좋다. 아니면 작업료 청구서나 회의, 물품주문서, 참고 문헌, 비평, 전문용어 등 주제어에 따라 폴더를 만들고 관련 자료를 따로 관리할 수 있다. 솔직히 나는 예전에 내가 만든 파일 시스템의 노예가 된 적이 있다. 폴더를 만들고 정리하는 일 자체에 너무 심취하면 어느 순간부터는 오히려 역효과가 나기도 한다. 그러므로 파일 분류 체계를 세울 때는 원하는 파일을 저장할 위치를 빠르고 쉽게 결정할 수 있도록 주의를 기울여야 한다. 본인이 만들어놓은 시스템을 자기 스스로가 감당하지 못하게 되면 글쎄, 그런 당신에게 도움을 줄 12단계 프로그램 같은 것이 있을까? 나는 모르겠다.

2. 시범 운행. 원고를 편집하는 중에 약간 까다로운 새 기능을 활용해보고 싶다면 작업 파일로 모험을 시도해서는 안 된다. 그 파일을 완전히 망치고 싶지 않다면 '테스트 1'과 같은 새 이름으로 복사를 하나 해놓고 새 기능이 어떻게 적용되는지 먼저 알아보아라. 이미 여러 단계의 수정을 거쳐서 이전 상태로 되돌릴 수 없는 경우라면 나는 어떤 기능을 원고에 적용하기 전에 항상 시범 파일을 만든다. 만약 이 과정에서 실수하고서도 이를 알아채지 못하고 그냥 넘어가면 이 파일은 '끝장나기' 십상이라는 것을 잘 알기 때문이다.

나는 이런 시범 파일을 대개 '읽기 전용'으로 저장해놓고 나중에 혹시라도 필요할 때 이 파일을 가져다 사용한다.

시범 파일 때문에 큰일 날 뻔했던 적이 있다. 작업 도중 커피를 한 잔 마시려고 일어났다가 제작부의 조Joe와 잠깐 이야기를 나눴다. 그러고는 컴퓨터 앞에 다시 앉았는데 전화벨이 울렸다. 전화를 받고 통화를 끝낼 즈음, 컴퓨터 화면에 떠 있는 창이 시범 파일이라는 사실을 깜빡 잊어버렸다. 내가 '읽기 전용'에 대해 알기 전, 한번은 이런 식으로 엉뚱한 버전의 원고에 한 시간가량 편집을 했다. 또 어떤 때는 시범 파일에 '시범 파일'이라고 이름을 명확히 붙이지 않은 탓에 일을 빨리 끝내려고 실수로 그 시범 파일을 지금까지 작업을 잘 해온 편집 파일 위에 '덮어쓰기'를 해버린 적도 있다. 그땐 정말 딱 죽고 싶었다. 지금은 이런 혼란을 방지하려고 시범 파일에서는 글씨에 색을 설정한다. 같은 이유로 원본 원고에도 이런 방식을 활용할 수 있다. 시범 파일을 올리브 그린색 글씨로 작성하면 내 마음이 차분해진다는 것을 새로 알게 되었다.

3. 버전 조절. 실수로 현재 화면에 떠 있는 작업 중인 파일을 수정 전 파일 위에 저장시키는 끔찍한 악몽은 수정 전 파일을 참고할 필요가 있는 어느 순간에라도 일어날 수 있다. 각 문서와 폴더를 알아보기 쉽도록 이름을 붙여두면 이런 식의 실수를 피하는 데 도움이

된다. 꼭 지키고 싶은 파일을 '읽기 전용'의 형태로 저장해두면 더욱 안전하다. 저장하려고 하는 순간 파일 수정이 불가하다는 경고 메시지를 받게 될 테니까. 작업 중에 수시로 저장하는 편이라면 더더욱 그렇다. 나는 프로젝트마다 원본 원고의 파일과 빨간 줄이 쳐진 편집 원고 파일, 그리고 최종 원고 파일을 각각 따로 폴더를 만들어서 보관한다. 가끔은 중간 단계의 역할을 하는 폴더를 만들어서 고유의 이름을 붙이기도 한다. 이 폴더에는 내가 프리랜서 편집자에게 보내려고 깔끔하게 정리한 파일이나 그 프리랜서 편집자가 내게 보낸 파일 등을 저장한다.

시카고 대학 출판사도 지금까지는 거의 모든 편집 원고를 출력된 인쇄물 형태로 작가에게 보냈다. 그러나 변화의 빠른 속도를 고려할 때, 아마 당신이 이 책을 읽을 때쯤 되면 그 행태가 완전히 변할 것으로 보인다. 확인 작업을 위해서 작가에게 전자파일을 보낼 때는 나중에 최종 원고를 결정하는 과정에서 누구의 원고를 기준으로 삼을 것인가를 확실히 해두는 것이 매우 중요하다. 만약 저자가 너무 바빠서 원고를 수정할 수 없고 동시에 편집자인 당신은 최종적으로 약간의 수정을 더하고 있다면 설령 두 사람이 꼼꼼하게 그간의 변경 사항을 기록해왔다 할지라도 반드시 혼란이 생긴다. 편집자는 작가에게 전자파일로 된 편집 원고를 보낼 때 작가가 원고를 검토하면서 추적 기능을 사용해 본인이 수정한 부분을 빠짐없이 기록할 거라 기대한다. 따라서 최종 원고를 결정할 때 편집자는 작가에게 자신이 가지고 있는 원고를 기준으로 삼을 것이며, 작가가 추적 기능을 사용하지 않고 원고에 수정을 가하면 나중에 이 변경 사항을 확인할 수 없으므로 출간될 책에는 반영되지 않을 거라고 꼭 상기시키자. 속사정을 시시콜콜 알려줄 필요는 없다. 작가가 확인하고 고쳐서 보내준 원고를 편집자가 살펴본 다음, 실제로는 이 원고를 기준으로 최종 원고를 만들 수도 있다. 여기서 중요한 것은 무엇이든 선택을 할 결정권은 편집자한테 있다는 점이다. 작가가 검토할 때 주의해야 할 사안의 특성에 따라 어쩌면 편집자가 작가에게 원고를 보내면서 아예 추적 기능을 설정하고 작가가 추적 기능을 취소할 수 없도록 잠금 설정을 하는 것이 나을 수도 있다.

4. 투명성. 폴더와 제목 표시 때문에 생길 수 있는 많은 문제점에 하나를 더 추가한다면, 가끔 당신 이외의 다른 사람이 당신의 컴퓨터에서 무언가를 찾아야 할 때다. 이런 일은 아주 드물게 일어난다 치더라도 최소한 당신의 전자파일이 최종 원고의 형태로 정리되고 나면 제작 단계를 위해서 이 전자파일을 누군가에게 보내야만 하는 순간이 온다. 이런 이유로 이름은 알기 쉽게 붙여야 하고 편집자 본인을 위해 설정해놓았던 여러 기능은 없애는 게 좋다. 독특한 탭이

나 여백 설정 등은 정확한 조판 작업에 걸림돌이 될 수 있다.

　5. 백업. 내 아들 벤은 컴퓨터 기술 지원 분야에서 일한 경험이 몇 번 있다. 그래서인지 벤은 그쪽 베테랑들이 난리를 치른 경험담을 꽤 많이 안다. 벤이 일하면서 처음 배운 것은 컴퓨터가 갑자기 고장 나서 몹시 화가 난 사람이 컴퓨터 기술자에게 무례하게 구는 상황을 다루는 방법이었다. 선배의 조언에 따라 벤은 일단 상대를 안심시키고 컴퓨터를 살핀 후에 만약 컴퓨터를 고칠 수 있겠다 싶으면 "아, 다행입니다. 큰 문제는 없어요. 백업 디스크만 주시면 이전 상태로 복구해드리겠습니다"라고 말했단다. 그러면 예상대로 상대방의 얼굴은 전조등의 빛을 받고 새하얗게 질리는 사슴의 낯빛을 띤다고 했다. 백업 디스크가 없다고? 누구 탓을 하겠는가.

　요점을 굳이 말로 할 필요는 없을 것 같다. 작업 파일이 날아가서 일을 포기하는 사태가 발생하지 않도록 일하는 중에 가능한 한 자주 작업 파일을 백업하라. 나는 컴퓨터 사용을 끝낼 때마다 매번 백업 작업을 한다. 시카고 대학 출판사는 본인의 파일을 복사해서 저장해둘 수 있는 오프 사이트 서버를 보유하고 있으며, 나는 개인적으로도 USB 메모리 드라이브를 내 CPU에 따로 꽂아두고 사용한다.

　온종일 내가 한 작업을 두 저장 장치에 저장시키는 데는 몇 초밖에 걸리지 않는다. 게다가 백업 소프트웨어의 경우엔 본인이 원하면 자동으로 저장되도록 설정할 수 있다. 가끔은 USB 메모리를 집으로 가져가서 집에 있는 컴퓨터에도 관련 파일을 저장해둔다. 이메일 첨부 파일 기능으로 사무실 컴퓨터에 저장된 내용을 집에 있는 컴퓨터에서 열어볼 수도 있다. 작업을 집에서만 한다면 백업 파일을 저장할 수 있는 온라인 공간을 대여하는 방법도 쓸 만하다. 백업과 관련해서 몸에 익히면 좋은 습관은 작업 중에 '저장' 키를 자주 누르는 것이다. 이제 나는 거의 무의식적으로 클릭할 정도이다.

충동을 이겨내라

종이 대신 컴퓨터 화면에서 원고를 편집하는 것은 여러 가지 측면에서 보면 당연하다. 사본 원고에 가감을 깔끔하게 할 수 있고 선택에 따라 편집의 흔적을 드러낼 수도, 숨길 수도 있으며 반복적인 작업을 효율적이고 일관되게 처리할 수도 있다. 관련 문서를 이메일로 사내·외에 보낼 수도 있고, 완성된 원고가 조판에 들어갈 때 조판 교정쇄에서 오·탈자가 생길 걱정을 덜 수 있다. 컴퓨터로 문서 작성을 하기 시작했을 때 많은 사람이 시간과 종이, 즉 돈을 절약할 수 있을 거라 믿었지만, 이를 실감하는 사람이 우리 중에 얼마나 되는지 의심스럽다. 우리는 가능한 한 출력을 하려고 한다. 나는 내 사무실에서 녹색운동의 흔적을 전혀 찾아볼 수가 없다. 출력해놓고 보니 쪽 번호가 빠졌다면 당신은 손으로 쪽 번호를 매기겠는가, 아니면 다시 간단히 '인쇄' 키를 누르겠는가? 우리는 적어도 원본 원고와 편집 원고, 최종 원고를 출력한다. 이런저런 이유로 수도 없이 복사기를 쓰는 일은 언급하지도 않겠다. 그렇다면 시간이 절약된다는 것은 사실일까? 지난 20년 동안의 내 편집 업무 일정은 별다른 변화가 없다. 자동 기능 덕분에 잡무 처리 시간은 줄었지만, 조판을 위해 다시 전자파일로 작업해야 하기 때문에 그만큼 작업 시간은 늘어난 셈이다.[5] 수작업 시간은 줄었지만 아주 간단해서 그냥 지나칠 수 없는 자잘한 업무가 백배나 더 늘었다.

　편집자의 충동적인 성향을 다스리고 효율성을 꾀하는 것은 도전과도 같다. 할 수 있는 일이라고 해서 꼭 해야만 하는 것은 아니다. 다시 얘기하겠다. 다급한 상황을 제외하고 시간을 많이 요하는 일을 시작할 때는 3단계 주문을 떠올려라. '자동화하기, 위임하기, 재평가하기.' 충동과 무지 때문에 허비한 시간은 되돌릴 수 없다. 내

---

[5] 편집자들의 공통적인 불만 사항은 제작 단계 전에 편집자가 해야 할 일이 대폭 늘었다는 점이다. 이런 일을 하기 위해서 편집자가 교육을 받은 것도 아닐뿐더러, 일의 성격상 편집자의 흥미를 끌 만한 것도 아니다. 우리 편집부의 방침에 따르면 총 예상 편집 시간의 약 20%에 해당하는 시간을 추가로 더 이런 일에 할애하는 것이 이상적이라고 한다. 원본 원고의 틀을 다듬는 일이 여기에 해당한다. 즉, 작가가 설정해놓은 원고의 양식을 적절히 고치거나 띄어쓰기, 들여쓰기를 바로잡는 일 등이다. 조판 코드를 부여하거나 작가가 편집 원고를 점검한 결과를 다시 전자파일에 반영시키는 일 등도 여기에 포함된다.

가 아는 어떤 편집자는 MS 오피스 워드에서 주석 창에 달린 주석 번호의 모양이 마음에 들지 않았다. 크기가 작고 번호 옆에 온점도 안 찍히기 때문이다. 그래서 주석 번호를 마우스로 드래그한 다음 화면 상단의 메뉴를 통해 어깨 글자superscript로 설정된 것을 취소하고 그 옆에 온점을 찍었다. 이런 식으로 이 편집자는 수백 개에 달하는 주석 번호를 일일이 다듬었다. 컴퓨터 자판에서 특정 명령어만 치면 모든 주석 번호를 한꺼번에, 그것도 단 20초 안에 해결할 수 있는 작업이었는데 말이다.[6]

충동과 관련해서는 뒤에서 더 자세히 다루겠다. 여기서는 시간을 낭비해서는 안 되는 이유와 효율성에 대해 짚어보고 싶었다. 계속해서 다음 장에서는 마감일(데드라인)에 대해 알아보자.

Ａ 이모티콘을 허용할 만큼 학술 원고의 양식 기준이 느슨해지면 모를까, 『시카고 매뉴얼』이 이모티콘을 수용하기엔 지금으로서는 어려워 보입니다. 『시카고 매뉴얼』은 주로 학술 서적을 겨냥하니까요. 질문자께서 제시하신 각 대안의 문제점을 읽고 보니, 역시 이모티콘과는 멀찌감치 떨어져 지내는 게 낫겠어요. 어쨌거나 저는 턱이 두 개 달린 웃는 얼굴, 그게 맘에 듭니다.

---

6 인정할 건 인정하겠다. 그 편집자가 바로 나다. 그러나 이건 아주 오래전 일이며 그 당시 내 방법에 문제가 있는 것 같아서 주변에 도움을 구했다.

8장
편집자의 생명, 마감일

Ⓠ 가능하면 빨리 답변을 주세요. 마감일이 코앞에 닥쳤어요.

Ⓠ 제 마감일은 6월 30일입니다. 그래서 좀 서둘러야 합니다.

Ⓠ 곧 마감일이거든요. 제발 빨리 답변해주세요.

Ⓠ 마감일이에요. 도움이 필요합니다.

Ⓠ 마감일까지 시간이 아주 빠듯해요.

Ⓠ 그리고요, 곧 마감일이에요.

Ⓠ 마감일이 성큼 다가왔어요.

무슨 일을 하는가?

마감일 애호가로 유명한 작가 더글러스 애덤스*는 이런 말을 했다. "나는 마감일을 사랑합니다. 마감일이 몰고 오는 휙휙하는 소리가 좋습니다."

---

* 더글러스 애덤스 (Douglas Adams, 1952. 3~2001. 5) : 영국인 작가이자 극작가, 음악가. 대표작으로 『은하수를 여행하는 히치하이커를 위한 안내서 (The Hitchhiker's Guide to the Galaxy)』가 있다.

이 얼마나 사랑이 넘치는 풍경인가!

편집자는 작가를 사랑한다. 작가가 기발하고 창의적인 천재성을 마음껏 발휘할 수 있도록 편집자는 작가의 부탁이라면 들어주려고 한다. 그런데 편집자에겐 지켜야 할 마감일이 있다. Q&A 섹션 앞으로 날아오는 수많은 편지가 그러한 사실을 입증해준다. 신문이나 잡지 같은 간행물을 만들 때는 더욱이 시간적 여유가 거의 없다. 단행본은 적어도 약간의 융통성을 둘 수 있다. 많은 책이 며칠씩 또는 몇 주씩, 심각한 상황에서는 몇 년씩 출간을 늦추기도 한다. 그렇지만 이런 일이 기록을 경신하듯 반복되어서는 안 된다. 계속해서 마감일을 어기는 편집자는 부족하고 믿을 만하지 못한 사람으로 낙인찍힐 테니까.

출판 과정에서 일의 진행이 지연될 때를 보면 일이 편집자의 손에서 벗어난 경우가 많다. 원고가 편집자의 손에 들려 있다고 해도 사정은 마찬가지다. 전자파일에 오류가 생겼거나 원고의 일부를 잃어버린 경우가 그렇다. 또는 꼭 집어넣어야 할 내용을 작가가 아주 뒤늦게 보내올 때도 있다. 심지어 편집이 다 끝나서 편집자가 제작 일정에 맞춰 원고를 마무리하고 있는데도 디자인에 관한 세부적인 결정이 늦어지는 경우도 있다. 본문에 실릴 자료가 아직 사용 허가를 받지 못했거나 너무 조야한 삽화가 뒤늦게 눈에 띌 수도 있다. 작가와 연락이 닿지 않을 때도 있다. 참고 문헌이 몇 개 빠진 것 때문에 출간이 오래 지연되었던 한 편집자의 경험을 전해 들은 기억이 난다. 연락을 취해보니 작가는 그 빠진 참고 문헌의 목록을 도저히 보낼 수 없는 처지에 있었다고 한다. 작가의 부인이 이혼을 앞두고 합의하는 과정에서 관련 연구 자료를 볼모로 쥐고 있었기 때문이다.

가끔은 살짝 일을 연기한 것이 큰 문제로 이어지는 경우도 있다. 예를 들면 이런 경우. 한 사진작가가 특정 날짜에 사진 촬영을 하기로 했다. 그런데 홍보과에서 촬영에 맞는 소품을 찾느라 사진 촬영이 조금 지연되었다. 그러다 결국 사진작가는 다음 스케줄 때문에 자리를 떠야 했고 촬영은 일주일 후로 연기됐다. 결과적으로 사진 촬영은 한 달 후에나 할 수 있었다.

지연되는 상황이 당신의 손에서 벗어난 일이라면 어쩔 수 없다. 다른 팀원이나 윗사람에게 상황을 알려주는 것 말곤 당신이 할 수 있는 일은 없다. 신문이나 잡지처럼 일정이 촉박한 곳에서는 시간을 너무 끌면 프로젝트가 아예 취소되기도 한다. 만약 작업 지연에 대한 직접적인 책임이 당신에게 없다면 해당 프로젝트가 취소되지 않도록 진행 과정을 상기시키거나 은근히 싫은 소리를 해보는 것 외에는 도리가 없다. 한편 단행본 원고를 편집하는 편집자의 경우에는 마감일에 무심해지고 싶은 때가 있다. 아무리 애써도 목표한 날짜에 해당 프로젝트가 마무리될 것 같지 않을 경우이다. 그러나 이런 태도는 팀과 당신, 양쪽 모두에게 피해를 준다. 재정적인 타격을 입을 수도 있다. 분기별로 해야 할 일과 예산을 계획할 때는 미리 어느 정도의 작업 지연을 예상한다. 그렇다고 다들 태만해진다면 작업 지연 탓에 발생한 추가 비용은 예산안 범위를 넘어설 것이고 이는 회사 재정에 타격을 입힐 것이다.

당신을 아껴서 하는 얘기인데, 당신이 마감일에 부주의하면 제작 과정에서 당신 뒤에 있는 사람들이 불편을 겪는다. 신망을 잃는 건 시간문제다.

마감일을 지키려면 다음 세 가지 기술을 익혀라. '우선순위 매기기, 정리·정돈하기, 기록 남기기'

우선순위 매기기 | 계획을 세우는 데 도움되는 네 가지 질문

편집자들은 할 일이 많다. 여러 개의 프로젝트를 동시에 진행하면서 다양한 업무를 처리한다. 소속이 있는 편집자는 다른 프리랜서 편집자를 관리·감독해야 할 때도 있다. 나의 '오늘의 할 일' 목록에는 많은 일이 포함된다. 저자 교정쇄 발송, 색인 목록 검토, 최종 원고 조판 시작, 저자 확인 완료 편집 원고 정리, 편집 회의 시 소개할 새 프로젝트 자료 조사, 본문 수록 도표 및 그림 사용 허가 요청

등등. 지금 한창 편집 중인 원고 얘기는 꺼내지도 않겠다. 당신의 하루도 이와 비슷하게 돌아가겠지?

이 일들이 설령 마감일에 걸렸다 해도 하루 안에 모두 끝낼 수는 없다. 대신 다음 중에서 하나를 선택할 수는 있다. 지레 겁을 먹고 병가를 내든지, 커피를 홀짝거리며 밤을 새우든지, 아니면 가장 급한 일들을 추려 끝을 본 다음, 애인이랑 춤을 추러 가든지……. 선택은 당신의 몫이다.

업무의 우선순위를 정하는 것은 애매한 일이므로 결정하는 데 도움되는 지침을 스스로 마련할 필요가 있다. 어느 업무를 먼저 끝내야 할지 고민된다면 다음 네 가지 질문을 통해 업무의 경중을 가려라.

1. 곧 있을 일인가? 지금까지의 경험으로는, 조건이 같다면 출간이 가장 임박한 프로젝트에 관심을 쏟아야 한다. 투자자들에게 보낼 다음 분기 뉴스레터를 쓰려던 찰나, 내일 있을 이사회 모임의 안건이 내게 전달된다면, 이 안건부터 해결해야 한다는 뜻이다. 작가인 해니건 씨가 검토를 끝낸 편집 원고를 펼치는 순간 킴벌 씨 책의 색인 목록이 도착한다면 이 색인 목록 검토가 원고 교정보다 우선이다. 조판이 지연되면 다른 사람들이 불편을 겪게 될 테니까. 이쯤 되면 제작부와 홍보부 사람들은 책의 제목을 확정하고 제시간에 홍보를 시작할 수 있도록 맡은 바 책임을 다하는 중일 것이다. 게다가

이 사람들은 당신보다 두 배나 많은 수의 프로젝트를 처리하고 있을 수도 있다. 만약 당신이 일을 늦게 진행하면 조판이나 홍보 일정에도 지장을 줄 수 있다. 그러나 새 프로젝트를 시작하는 일만큼은 당신 마음대로 해도 좋다.

2. 가장 중요한 일인가? 이유야 어떻든 간에 다른 것들과 비교해서 더욱 중요한 프로젝트가 있게 마련이다. 큰돈을 벌어들이는 경우, 의뢰인이나 작가의 영향력이 큰 경우가 그렇다. 사안의 중요성 때문에 진행 중이던 일을 멈추고 다른 일을 먼저 해야 할 때 꼭 기억해야 할 것이 있다. 진행 중이던 일이 계획대로 이행되지 않는 이유를 작가나 의뢰인에게 시시콜콜 설명할 필요는 없다는 점이다. 그렇다면 뭐라고 설명해야 할까? "일의 진행이 늦어져서 죄송합니다. 몹시 중대한 사안이 발생해서 그 일을 먼저 처리하게 되었습니다"라는 정도? 상대가 당신의 상사가 아니라면 지연되는 상황에 대해 사과하고 길게는 설명하지 마라. "예상보다 오래 걸려서 죄송합니다. 다른 일이 없는 한, 이번 주 중으로 보내드릴 수 있을 거예요. 수시로 진행 상황을 알려드리겠습니다."

3. 제일 다급한 일인가? 정해진 날짜에 발간해야 하는 잡지나 학술지 기사는 미룰 수 없다. 기업은 정해진 결산연도마다 특정 보고서를 발표해야만 하는 법적 의무가 있다. 단행본의 출간 시기도 의

미가 크다. 명절이나 연례 학회, 신학기 등에 맞춰 책에 따라 마케팅 계획이 세워져 있기 때문이다. 큰 이슈가 되었다가 금방 시들해지는 정치적, 대중적 사안을 담은 책은 출간을 서두르기도 한다. '1988년 레이캬비크 연어 협정'에 관한 책을 기억하는가? 나도 못한다.

'신속 집행'이라는 꼬리표가 붙은 다급한 일에는 당장 주목하라. 이 단계에서 작업을 조금이라도 지연시키면 다음 작업들까지 꼬리를 물고 지연되고 만다. 예를 들어, 편집 원고를 금요일까지 작가에게 보내지 않으면 그 후 2주 동안 작가는 원고를 들여다볼 수 없을 때와 같은 경우이다. 최근에 나는 두 가지 급한 업무를 놓고 어느 것을 먼저 처리할지 결정해야 했다. 그런데 둘 중 하나에 대한 다음 작업을 맡은 디자이너가 내 마감일 다음 날부터 휴가라는 사실을 잊어버렸다. 전날 최소한 이메일이라도 보내서 "팀벌레이크 작가의 원고 말인데요. 수정 작업이 오늘 중으로 끝나지 않을 수도 있겠어요. 혹시 내일 보내드려도 괜찮을까요?"라고 물어나 볼 것을……

4. 하는 것이 옳은 일인가? 가끔은 다급한 일은 아니지만, 약속을 했기 때문에 양심상 미룰 수 없을 때가 있다. 선택하기가 상당히 까다로운 경우지만 일단 약속을 이행하고 나면 두 다리를 쭉 뻗고 잘 수 있다. 어떤 경우인지 감이 딱 오는가? 지나치게 신중해서 결정을 내릴 때도 피땀을 흘리는 작가가 당신에게 이메일을 보내서 표2, 6,

32, 34를 표 형식이 아닌 말로 풀어서 본문 속에 집어넣는 것이 어떠냐고 물어왔다. 빠른 시일 내에 검토하겠다고 당신이 약속했으니, 뭐라고 답이 떨어질 때까지 이 작가는 자신의 두 손을 맞잡고 초조하게 기다리겠지. 이런 사정을 훤히 아는 까닭에 이보다 더 중요하고 급한 업무를 뒤로 미룬다면 당신은 가까운 시일 내에 야근해서라도 밀린 일을 따라잡을 각오를 해야 한다.

주의 요망! 첫 번째로, 무슨 일이든 '해주겠다고 약속'하는 버릇을 들이지 마라. 특히 요구가 많은 상대를 대할 때는 약속을 삼가라. 그 사람의 지대한 관심사인 어떤 문제에 대해 당신은 시간 나는 대로 살펴보고 알려주겠다고 하라. 가능하다면 구체적으로 언제까지라고 얘기해줘도 좋다.

두 번째로, 일이 지체될 것 같으면 묻지 말고 그냥 알려라. 만약 당신이 다음 작업자에게 "며칠 늦어져도 괜찮으시겠어요?"라고 묻는다면 원하는 답을 듣지 못할 수도 있다. 당신 업무의 우선순위를 결정하기 전에 필요한 정보를 얻기 위해 슬쩍 떠보는 것이 아니라면 "헐먼 작가의 원고가 며칠 늦어질 것 같습니다. 다음 주 화요일까지는 마무리해서 보내드리도록 하겠습니다"라고 직접 얘기를 하거나 글을 써라. 당신이 일의 진행을 늦춰서 나중에 큰 문제가 발생할 사안이라면 누군가가 분명히 당신에게 경고할 것이고, 따라서 당신은 일정을 다잡을 수 있다.

마지막으로, 자신에게 가장 적합한 작업 스타일을 꿰뚫고 있어야 한다. 다양한 프로젝트에 걸친 많은 업무가 우선순위를 다투는 상황에 닥쳤을 때는 본인의 작업 스타일을 고려해야 한다. 여러 작가의 여러 작품을 자주 바꿔가며 읽는 것이 혼란스럽다고 느꼈다면 그렇게 작업하지 않도록 노력하라. 서로 매우 다른 형식의 두 작품 사이를 왔다 갔다 하려면 작품을 읽는 당신의 머리 또한 덩달아 바꿔야 하기 때문이다. 더 심한 경우는 아주 비슷하고 약간만 다른 형식의 두 작품을 읽을 때이다. 여러 작품을 바꿔가며 읽는 것이 혼란스럽다면 소위, '필이 꽂힌' 작품에 총력을 기울여라. 그 프로젝트를 위해 할 수 있는 건 다 하라. 독자에게 큰 도움이 되고 싶다면 다루는 원고가 달라질 때마다 정신을 새로 가다듬는 것이 꼭 필요하다는 사실을 잊어서는 안 된다.

정리·정돈하기

이 부분이 어렵게 느껴질 테지만 꼭 읽어주었으면 좋겠다. 이 부분을 채소 코너쯤으로 여겨라. 출판계에서 일한다면 정리를 잘할 줄 아는 것이 본인 건강에 좋다. 이미 정리·정돈을 잘하고 있는 편집자라면 비타민만 챙기고 이 장을 건너뛰어라. 채식을 무척 즐기는 수준이라면 말할 것도 없다.

채소를 소재로 한 중국의 옛 속담이 있다. 정확히 따지자면 채소가 아니라 과일이지만 나는 이곳을 과일 코너로 꾸미고 싶지는 않다. 어쨌든 중국의 옛 속담에 "일이 너무 많으면 감당할 수가 없다. 물에 뜬 호박들처럼 하나를 내리누르는 사이에 다른 하나가 불쑥 떠오른다"라는 말이 있다. 지금 우리 머리가 지끈지끈한 것도 눈앞의 '호박들' 때문이다. 문제는 그 많은 호박을 어떻게 일일이 파악할 것이냐 하는 것이다.

정리·정돈은 다소 개인적인 사안이다. 호박을 찔러보는 것만으로 만족하는 사람이 있는가 하면, 한 번에 하나만 꽉 붙잡고 있는 사람도 있다. 이미 파악했다시피 나는 파일 정리에 힘을 쏟고 '오늘의 할 일'에 순서대로 번호를 붙이는 유형이다. 관찰한 바로는 다른 방식도 가능하다. '쌓아 올리는 재주'를 정리할 때 적용하는 사람이 주변에 하나씩은 꼭 있다. 아동 도서의 판권을 사는 일을 할 때 나는 이런 정리 방식으로 유명한 여자 동료를 알게 되었다. 책상과 서랍장, 서류 캐비닛은 물론이고 사무실 바닥까지 온갖 서류들이 산더미처럼 쌓여 있는 상태에서 필요한 서류를 어떻게 찾아내는지 신기할 따름이었다. 어쨌거나 나는 이 여자가 어떤 서류를 잃어버렸다

2부 자신을 다스리며 동료 편집자와 함께 일하기

는 소리를 한 번도 들은 적이 없었다. 게다가 내가 원고를 건네면서 의견을 물으면 답변 원고를 가장 빨리 돌려주는 사람도 이 여자였다. 본인 말로는 돌려줄 것은 되도록 빨리 돌려줘야 잃어버리는 일이 없단다. 이 여자 동료만의 효율적인 작업 방식인 셈이다.

그렇긴 해도 어느 직업이든 정리·정돈을 하는 데 꼭 갖춰야 할 것들이 있다. 가까운 시일에 있을 일들을 정리하는 데는 목록lists이 좋고 멀리 장기간을 내다볼 때는 일정표schedules가 유용하다. 일지logs는 벌써 마무리 지은 일들을 파악하는 데 쓸모 있다. 이 세 가지 모두 자세히 알아볼 필요가 있다. 먼저, 목록을 만들어보자.

1. 목록 작성. 간단한 '오늘의 할 일' 목록이 주는 도움은 매우 크다. 목록을 편집자의 브로콜리라고 생각하라. 나는 MS 오피스 워드로 목록을 작성한 다음, 컴퓨터 바탕 화면에 단축아이콘을 만들어놓는다. 매일 아침 이메일을 확인하자마자 곧바로 하는 일은 바로 이 단축아이콘을 클릭해서 목록 창을 여는 것이다. 그리고 이 창을 하루 종일 그대로 열어둔다. 나중에 다시 상기하고 싶은 할 일을 대충 급한 순서대로 목록에 입력한다. 마무리 지은 일은 목록에서 삭제하고 나머지 일의 순서를 바로잡는다.

'그런 걸 누가 잊어먹어?'라고 생각하는 젊은 독자들이여, 눈동자를 그만 굴려라! 중년이거나 이보다 더 나이가 많은 사람들은 내 생각이 옳다며 고개를 끄덕일 것이니. '루이스 사용 허가 점검' 또는 '우드워드 앞부분 관련 문제 읽기'와 같이 나는 목록에 주로 중요한 일들을 적지만 실제로 얼마나 자세히 적을 것인지, 어떤 식으로 적을 것인지는 목록을 활용하는 사람에 따라 얼마든지 달라질 수 있다. 내 동료 중에는 달력에 업무를 적는 것을 좋아하는 사람도 있고, 포스트잇에 적어서 모니터나 책장 주변에 붙이는 사람도 있다. 업무를 기억하려고 자신에게 음성 메시지를 남긴다는 사람도 여럿 보았다. 본인만 편하면 된다. 내가 사용하는 방식의 장점은 목록 상단에 눈길만 한 번 주면 할 일이 보인다는 것이다.

2. 일정표 짜기. 시카고 대학 출판사에서는 누구나 멋진 개인별 맞춤식 온라인 일정표를 지원받는다. 개인의 요청에 따라 조정 가능한 이 온라인 일정표는, 프로젝트의 마감일을 원하는 시기별로 보여준다. 나는 다가올 2주 동안 내가 맡은 프로젝트의 작가명을 알파벳순으로 보여주는 일정표를 즐겨 쓴다. 물론 매일 아침 일정표를 열어서 해야 할 일이 무엇인지 살핀다. '오늘의 할 일' 목록이 내가 해야 할 일의 우선순위를 보여줌으로써 당일 계획을 짤 수 있게 도와준다면, 일정표는 곧 닥쳐올 업무가 무엇인지 알려주기 때문에 그 업무와 관련된 작가나 동료의 작업 진행 상황을 내가 미리 확인할 수 있도록 해준다. 일정표를 확인한 결과, 지금부터 일주일 내에 어느 작

——— 2부 자신을 다스리며 동료 편집자와 함께 일하기

가가 편집 원고를 되돌려주기로 했다면, 진행이 순조로울 수 있도록 작가에게 짧은 이메일을 날려서 "그냥 상황이 궁금해서요. 편집 원고를 확인하실 기회는 있으셨나요? 다음 주까지 저한테 원고를 돌려주실 수 있으신가요?"라고 물어본다. 또 일정표에 특정 원고가 조판에 들어갈 준비를 끝냈고 원고 아닌 다른 업무가 진행 중이라면, 나는 관련자들에게 이메일로 "디자인에 관한 세부 사항이 결정되는 대로 도면이 조판을 시작할 예정입니다"라고 알려준다.

만약 일정표를 회사에서 지원받지 못한다면 가장 기본적인 형태의 일정표를 직접 만들어서 마감일을 지키는 데 도움되도록 하자. 종이든 달력이든, 아니면 내 '오늘의 할 일' 목록처럼 전자 문서이든 그 형태는 상관없다. 언제 무슨 일이 있을 예정인지만 알려준다면 그것은 유용한 길잡이가 된다.

3. 일지 쓰기. 내가 여기서 일지를 언급하는 이유는 일지가 정리·정돈하는 데 활용하기 좋은 수단이기 때문이다. 물론 일지는 아직 끝나지 않은 일보다는 이미 끝난 일에 초점을 둔다는 점에서 마감일과는 크게 상관이 없다. 일지를 써야만 하는 사람은 주로 관리자이다. 일의 진행 상황, 진행하는 데 걸린 시간 그리고 비용은 얼마가 들었는지 등을 산출해서 보고하는 것이 관리자의 일이기 때문이다. 프리랜서도 일지가 필요하다. 의뢰인, 수입, 각종 수수료 등을

전체적으로 파악하는 데에는 이런 자료를 스프레드시트*의 형태로 보관하는 것이 아마 가장 효율적일 것이다. 이 소프트웨어는 주어진 정보를 다양한 방식으로 분류할 수 있다. 특정 의뢰인에 대한 업무만 따로 모을 수 있고 이 의뢰인한테서 받은 총 작업료도 산출할 수 있다. 산출 방식은 필요에 따라 달라질 수 있기 때문에 세금 정산 시 무척 유용하다. 프로젝트 관리자는 이와 비슷한 방식으로 프리랜서와 관련된 자료를 관리할 수 있다. 프리랜서들이 작업을 시작한 날짜와 끝낸 날짜, 시간당 또는 페이지당 작업료, 작업 내역서, 연락처 및 그 외 보관해야 할 정보 등을 정리해둘 수 있다.

내 경우에는 일지를 간단하게 만들어서 혼자만 본다. 일과를 마칠 때쯤 그날 내가 한 일을 입력하는데, 당신은 내 일지를 봐도 내용을 이해하지 못할 것이다. 당신의 일지가 아니기 때문에. 예를 들면 이렇다. "2월 20일. 길포일 각주 편집. C&P 최종 레이저 디스크. 브라운 편집, 216쪽. 미팅/JT, SMH & PDK/베이커 일정."

몇 년 전, 일상이 몹시 불만족스럽다고 느껴졌다. 일지를 쓰면 나아지지 않을까 하는 생각을 했다. 그날 하루를 마감하면서 보니, 온종일 내가 한 일이 이것밖에 없나 싶어 아주 속상했다. 물론 누구에

---

* 스프레드시트(spreadsheets): 표에 문자나 숫자 자료를 입력한 후, 이것을 조작해서 입력 자료를 처리하는 컴퓨터 응용 프로그램의 일종.

게나 그런 날이 있게 마련이지만 내 경우는 그날 하루만의 문제가 아니었다. 그래서 도대체 내가 시간을 어떻게 활용하고 있는 것인지 한번 살펴봐야겠다고 결심했다. 자기 계발 차원에서 시작한 이 행동은 동기부여 이상의 효과가 있었다. 목록과 일정표에서는 의미가 사라진 정보라도 나중에 다시 필요하면 일지를 뒤지는 나 자신을 발견했다. 잠시 보류하기로 한 프로젝트를 다시 불러와야 할 때, 작가와 연락을 취하기 전, 그리고 동료의 의향을 살짝 떠보기 전에 일지부터 살펴보는 일이 잦아졌다. 내 일지는 '오늘의 할 일' 목록 바로 아래에 붙어 있다. 이 둘을 위해 파일은 하나면 충분하다.

목록과 일정표, 일지 이 세 가지를 작성하고 관리하는 데 드는 시간은 하루에 길어봐야 1~2분이다. 어쩌면 이 1~2분이 하루 중 가장 값진 시간일 수도 있다. 덕분에 시간을 허비하지 않게 되고 괜히 우왕좌왕하는 일이 줄어들기 때문이다. 또 분명한 것은 확실히 이가 하얘지고(커피 마시는 일이 줄어서), 등뼈와 허리뼈는 더 튼튼해진다(작업 시간이 짧아져 책상 앞에 앉아 있는 시간이 줄어서)는 사실이다.

기록 보관하기

당신의 호박들이 당신의 통제하에 있다고 해도 이 호박들은 잠시 동안만 당신의 것일 뿐, 당신의 손에서 떠날 때가 곧 올 것이다. 자신의 일정에 변화가 생겼을 때 다른 사람들에게 이를 알리는 것은 마감일 관리의 중요한 부분이다. 당신은 맡은 일을 일찍 끝낸다 해도 다음 단계를 맡아줄 사람이 준비되어 있지 않으면 아무 소용없다. 또 당신 때문에 일이 지체되지 않도록 다음 단계를 위해 기다리는 사람은 당신의 일정을 미리 알아야 한다. 편집자는 항상 누구한테 무엇을 언제까지 해주기로 했는지 머리에 담고 있어야 한다. 게다가 일정이란 수시로 변할 수 있기 때문에 최근 요청 사항, 약속, 변동 사항 등을 필요하다면 관련자들에게 자주 상기시켜주어야 한다.

이런 종류의 기록을 보관하기에는 이메일이 가장 일반적이고 효율적인 수단이다. 가끔 인간미를 어필하려면 친필 편지나 전화를 하는 편이 낫다. 편지는 서류로 만들어 철해놓고, 전화는 통화 내용을 간단히 기록해서 보관할 수 있다. 어찌 됐든 이메일은 이들보다 차지하는 공간도 적고 특정 기록을 찾기도 쉽다. 따라서 마감일과 관련된 정보를 보관하는 가장 좋은 방법은 이메일을 잘 관리하고 활용하는 것이다.

이메일을 관리하고 활용하는 방법에 대한 책은 쉽게 찾아볼 수 있다. 따라서 편집자를 위한 이메일 관리 기본 사항으로 다음 세 가지만 들겠다. (1) 정리, (2) 규율, (3) 예절. 여기서 정리와 규율은 이 장에서 다루고 예절은 다음 장에서 살펴보겠다.

정리. 컴퓨터에서 전자 문서를 정리하듯 이메일도 편지의 성격 별로 분류해서 폴더에 담아둬야 하는 것쯤은 알고 있으리라. 그런데 실제로 다른 이의 이메일 편지함을 보고 놀란 적이 한두 번이 아니다. 평소에는 꼼꼼한 사람인데 받은 편지함 하나에 모든 편지를 보관하고 있는 것이다. 받은 편지함을 가득 메운 편지와 끝없이 이어지는 편지 목록은 정말 놀라웠다. 그 사람에게 어떤 정보를 알려달라고 요청하면 해당 편지를 찾느라 스크롤과 클릭을 끊임없이 반복하며 "분명히 여기 어디에 있었는데……"라고 중얼거리는 것을 얼마나 자주 보았던가. 문서 작성에 관한 장에서 말했듯이 여러 개의 폴더를 만들어놓으면 클릭 몇 번으로 최근에 주고받은 편지를 쉽게 찾을 수 있다. 만약 폴더를 이용하지 않아도 받은 편지함 안에서 쉽고 빠르게 특정 편지를 검색할 수 있는 재주가 있다고 하자. 오히려 그편이 속도가 더 빠르다고도 치자. 그렇더라도 담당하는 프로젝트의 수가 많아지다 보면 특정 편지를 찾는 일은 더 어려워진다. 간혹 편지를 잃어버리는 경우도 생긴다. 문제는 이것 하나만이 아니다. 당신이 정말 꼼꼼하지 않은 이상, 받은 편지들을 일일이 읽고 즉각 답을 한 후에 받은 편지함의 다음 페이지로 넘어가는 경우는 극히 드물다. 받은 편지라도 일단 눈에서 멀어지면 마음에서도 멀어지는 법. 자연히 안 보이면 답도 안 하게 된다. 이래서 다음 사항이 중요해진다.

규율. 편지를 실시간으로 확인하든, 한 시간에 한 번씩 확인하든, 아니면 하루에 한 번 확인하든, 중요한 것은 앞뒤 편지 내용을 전체적으로 파악하고 있어야 한다는 점이다. 특히 좋은 업무 관계를 유지하고 본인의 마감일에 영향을 줄 만한 소식을 놓치고 싶지 않다면 말이다. 어떤 사항에 대해서 내가 두 번 되묻자, 상대가 "죄송합니다. 보내주신 첫 번째 메일을 제가 확인하지 못한 것 같습니다"라고 대답하는 상황은 충격적이다. 내 생각에 업무 예절상 절충이 불가능한 몇 안 되는 것 중의 하나는 바로 누가 당신에게 업무에 관한 편지를 보내면 당신은 그것을 읽고 답장을 보내야 한다는 사실이다. 답을 충분히 길게 쓸 여유가 날 때까지, 관련 정보를 더 자세히 찾아볼 때까지, 관련 업무를 마무리 지었다고 보고할 수 있을 때까지 답장을 미루고 싶은 마음이 굴뚝같을 것이다. 그러나 그때까지 기다리다 보면 어느새 그 메시지는 받은 편지함의 첫 페이지에서 자취를 감추고 덩달아 마음에서도 멀어진다. 답할 시간이 없다는 소리는 하지 마라. '답장'을 클릭하고 "고맙습니다," "끝냈습니다," "진행 중입니다", "그렇게 할게요" 등의 답변을 입력하고 '보내기'를 클릭하는 데에는 5초도 걸리지 않는다. "보낼 것이 많이 남았습니다!", "……점을 알고 계시기 바랍니다"라는 식의 답을 보낸다고 해도 몇 초쯤 더 걸릴 뿐이다. 이런 식으로 편하게 답할 수 없는 상대라도 약간의 구색을 갖춰라. "To 낸, 미안하지만 지금 당장은 내가 너무 바빠요. 대신 하던 일이 끝나는 대로 이 사안을 처리하도록 할게요. 가능한 한 빨리 답변할게요. From 캐럴."

아직 답변하지 않은 편지들은 받은 편지함에 따로 보관한다. 이 방법이 참 유용하다. 어찌 보면 받은 편지함이 내게는 '오늘의 할 일' 목록 II와도 같다. 나머지 메시지들은 휴지통에 버리거나 해당 폴더로 즉시 보낸다. 나는 보낸 편지함도 자주 정리한다. 그래서 보낸 편지함에 보관 중인 편지가 한 페이지를 넘는 법이 없다. 내가 살살 거만을 떠는 것처럼 보인다면 미안하다. 그런데 나도 어쩔 수가 없다. 난 '이메일 규율의 여왕'이니까.

Ⓐ 너무 많은 질문이 쏟아지기 때문에 개인적으로 일일이 답을 드릴 수가 없습니다. 선택된 질문과 답변은 월간 Q&A 섹션을 방문하셔서 직접 확인하시기 바랍니다. 마감일에 걸렸다면 어서 119로 전화하세요.

9장
동료 편집자와 좋은 업무 관계 유지하기

Q 동료 한 사람이 'while' 앞에는 항상 반점을 찍는 거라고 고집을 부립니다.

Q 새로 부임한 출판부장이 불필요한 'that'을 없애기는커녕 오히려 추가하려고 해요.

Q 같은 사무실에 있는 편집자가 'all' 다음에는 'of'를 덧붙이는 거라고 우겨서요.

Q 굳이 'as well as'로 문장을 시작하려는 동료가 있어요.

Q 날짜는 꼭 '5th February, 2005'라는 식으로 써야 한다고 주장하는 동료가 있습니다.

"내 상사/동료/팀원/비서가 고집을⋯⋯"이라고 시작하는 글을 내가 몇 번이나 읽어야 했던가. 이런 글을 읽다 보면 미국에는 직장 동료끼리 사이좋게 지내는 회사가 하나도 없는 것은 아닌가 걱정된다. 물론 우리 사무실 사람들은 당연히 예외다. 원고 편집 업무는 누군가와 함께하면 충돌이 생길 수밖에 없다. 이는 참 안타까운 사실이다. 게다가 의견 충돌의 현장에는 반드시 긴장감이 돌게 마련이다.

편집이라는 도마 위에 올라 조리된 원고는 출판 과정에 관계된 사람들의 면밀한 검토를 거치면서 여러 번 들볶인다. 원고는 편집자의 손에서 작가의 손으로 갔다가 다시 편집자에게 돌아오고 거기서 다시 기획 편집자와 편집장의 손을 거쳐 조판에 이른다. 디자이너가 도서 디자인을 위해 원고 내용에 대해 물어오기도 하고, 출력실에서 필름을 뽑다가 미심쩍은 부분이 눈에 띄었다며 연락을 해오기도 한다. 표지와 책날개에 실릴 글과 도서 홍보용 글 위에는 빨간 색연필 흔적이 무수히 남는다. 이는 원고를 살핀 이들이 저마다 다른 생각을 하고 있다는 의미다.

대개 권력 피라미드의 하단을 차지하고 있는 편집자들은 작가의 작품이 독자들 품에 무사히 이를 수 있도록 동료와 협상해야 한다. 설령 재택근무를 하는 프리랜서라 할지라도 지정 편집자와 함께 일해야 할 때가 있고, 그 과정에서 생기는 의견 충돌은 피할 수 없다. 프리랜서 편집자여, 이 장에서 얻을 게 있다면 얻되, 조금만 참아라. 다음 장은 특별히 당신을 위한 장이니까.

어느 직장이든 그곳만의 풍조가 있다. 다정다감하고 협조적이며 상대의 공로를 재빨리 인정해주는 동료와 함께 일한다면 당신은 운이 좋은 것이다. 내가 잡지사에서 일하던 젊은 시절, 나이가 지긋한 보조 편집국장은 자기 방에서 자주 낮잠을 잤다. 직접 가서 깨우면 그분이 난처해할까 봐 내 동료는 늘 먼저 전화를 걸어 전화벨을 몇 번 울려준 다음에 그분의 사무실로 향했다. 그 당시의 전화벨은 그야말로 쩌렁쩌렁했고 발신번호를 확인할 수도 없었다.

어디서나 이런 식의 예의가 지켜지지는 않는다. 당신의 동료는 경쟁심이 강하고 문제가 보이면 즉시 손가락질할 준비가 되어 있을지도 모른다. 당신의 사무실 분위기와는 상관없이 직장이니만큼 따라야 할 지침이 있을 것이다. 이 지침을 따르는 한 후회할 일은 일어나지 않을 거라 장담한다.

편집자는 섬이 아니다[*]

당신 혼자서 모든 일을 할 수만 있다면…….

우리는 직장 동료의 도움이 필요하다. 하지만 동료의 모든 업무까지 혼자서 감당할 수는 없다. 게다가 동료가 하는 일을 속속들이 이해하지 못하는 경우가 허다하다. 다른 사람들 때문에 일의 진행에 차질이 생기면 그 사람들이 무능력하고 게을러서 그리됐다고 생각

---

[*] 17세기 초, 영국의 시인이자 성직자인 존 던(John Donne)은 자신의 시에서 'No man is an island(인간은 섬이 아니다)'라고 했다.

하기 쉽다. 당신이 자질구레한 일에도 걱정을 쏟는 편이라면 스트레스도 받고 짜증도 많이 날 것이다. 주변 상황을 정확히 파악하지 못한 채 남을 비방하거나 말다툼을 일으킬 수도 있다.

진행에 차질이 생긴 원인을 놓고 서로가 상대의 탓으로만 돌리는 지경에 이르렀다면 앞에서 언급했던 엄청난 능력을 지닌 온라인 일정표를 그 자리에서 확인하면 된다. 일정표에는 책의 작업 진행 상황이 빠짐없이 기록되어 있기 때문에 어느 단계에서 지체되었는지 누구나 알아볼 수 있다. 그러나 그 원인까지 파악할 수 있는 것은 아니다. 이 사실은 상황에 따라 다행일 수도 아닐 수도 있다. 전날 밤 온라인 데이트 사이트에서 괜찮은 사람을 만나버린 바람에 크랭크 하위 작가의 작품 편집을 끝내지 못했다면, 그런 사정이 일정표에 드러나지 않는 것이 다행이겠지. 그러나 조판 디자이너의 실수로 교정쇄에서 한 장이 빠져버린 탓에 당신이 인쇄소에 교정쇄를 보내지 못한 상황은 짜증 날 만한 일이 아닌가?

요점은 왜 동료가 일을 지연시킬 수밖에 없었는지 당신도 모르기는 마찬가지라는 것이다. 본인이 아닌 다른 누군가 때문에 업무 진행에 차질이 빚어질 때는 미리 방어적인 태도를 보이거나 누구의 잘못이라고 꼬집어 말할 필요가 없다. 다음 단계를 위해 누가 기다리고 있는지 알려주는 짧은 메모나 관련 질문을 보내는 선에서 그

처라.

일의 우선순위를 파악하기 위해서 목록과 일정표, 일지를 활용하는 방법에 관해서는 벌써 알아보았다. 남은 것은 다른 사람들과 효과적으로 의사소통하는 방법을 깊이 살펴보는 것이다. 나는 상식적인 수준의 이야기를 할 거라고 미리 밝혔다. 즉, "정중하게 행동하라. 그리고 사무실 내의 적절한 채널을 통해서 협력을 도모하라"라고 하겠다.

좀 더 깊이 살펴보자.

정중하게 행동하라

어떻게 하면 사무실 동료와 좋은 관계를 유지할 수 있을까? 그들과 이견을 조율할 때, 직접 대화를 하거나 특히 이메일을 주고받을 때, 그 협상의 바퀴가 잘 굴러가도록 기름칠해주는 행동 방침으로는 어떤 게 있을까? 이럴 때 도움 되는 길잡이가 있다.

직접 대면. 일이 술술 풀릴 때는 동료에게 다정하고 협조적이다. 하지만 어딘가 일의 진행에 문제가 생겼을 때는 자신의 추한 모습을 드러내게 된다. 발작성 수면 증세를 앓는 부편집국장 주변을 발끝으로 걸어 다녔던 그 다정다감한 잡지사 여자 동료는 어느 남자 편집자가 편집한 원고의 사실 확인을 하면서 그 편집자와 티격태격 싸우곤 했다. 한번은 이 남자 편집자가 그 여자 동료를 찾아와 직접 대면을 했다. 여자 동료는 남자 편집자 원고의 작가와 통화 중이었다. 여자 동료의 말에 따르면 자신과 남자 편집자가 서로 욕을 해대는 동안, 수화기 너머로 "그만! 그만요! 그만하세요, 제발. 싸우지들 마세요. 제발 그만하세요!"라면서 작가가 훌쩍였다고 한다.

화가 나서 욕설 한두 마디 던져본 적 없는가? 신경이 날카로워져서 동료에게 한두 번 빈정대본 경험이 없는가? 당사자가 없는 데서 일의 잘못을 그 사람 탓으로 돌려본 적이 한 번도 없는가? 아니면 원하는 걸 손에 넣기 위해서 상대를 살살 구슬린 적은? 그리고 이런 술책들이 실제로 도움이 되었는지 곰곰이 생각해보라. 실제로 상황을 과장하거나 남의 탓으로 돌리지 않고 차분하고 타당하게 문제를 설명하는 편이 다른 사람의 협조를 구하기가 더 쉽다. "린다, 그 학회와 관련한 헨리 씨의 프로젝트 말인데요. 10월 1일까지 마무리될지 걱정돼요. 하루 이틀 내로 끝낼 수 있겠어요?"

나는 내 첫 임무와 관련해서 이런 기억이 있다. 내가 편집장 사무실로 쳐들어가서 편집장의 책상 위에 교정된 원고 한 뭉치를 던지듯 내려놓고, "죄송합니다만, 도저히 이렇게는 일을 못 하겠습니다! R 여사가 그만두든지, 제가 그만두든지 해야겠어요"라고 말했다. 편집장이 어디 두고 보자는 식으로 그 자리에서 내게 해고 통지서를 날리지 않았으니 나는 무척 운이 좋았다. 대신 그 편집장은 폭소를 터뜨렸고 나 또한 따라 웃었다. 그러나 짜증을 냈을 때 이런 식으로 좋게 일이 마무리되는 경우는 아주 드물다. 짜증 섞인 행동을 보이면 모양새도 좋지 않고 상대의 동의를 얻기도 어려워진다. 이제는 이런 상황이 오면 R 여사를 직접 찾아가서 "여사님과 더 나은 방법으로 일하고 싶습니다. 함께 얘기 좀 하실까요?"라고 말한다.

화를 내는 등의 부정적인 태도는 사무실 내의 긴장감을 고조시킨다. 그러니 자신의 행동을 잘 관찰해보라. 서로 경쟁하는 듯한 환경이라면 경쟁하기를 거부하라. 많은 일을 했다고 동료 탐이 칭찬을 듣거나 상여금이라도 받으면 당신의 작업 습관을 되돌아보고 스스로 어떤 부분에서 비효율적이었는지 찾아내라. 이것은 자기 발전을 위한 것이지, 탐을 능가하기 위해서가 아니다. 어쩌면 탐에게 비법을 물어볼 수도 있다. 교묘하게 뒤통수나 치는 환경에서는 함께 정보를 공유하기는커녕 서로 곤란한 처지에 빠뜨리려고 할 것이다. 그러나 똑같이 굴지 마라. 자신이 알고 있는 것을 너그럽게 남들과 공유하라. 팀원들에게 정보를 제공할 때는 그것이 최신 정보인지 확인하라. 당신이 아는 것을 상대는 아직 모르기 때문에 혹시 그 사람이 당황할 것처럼 보인다면 그 상대에게도 넌지시 알려주도록 하라. 따로 돈이 드는 것도 아니니 상대에게 공손히 대하라. 누가 당신의 책상에 서류를 내려놓는 순간 얼굴을 찌푸리는 것과 같은 작은 습관도 조심하라. 그냥 웃어 보일 수도 있고 가져다줘서 고맙다고 말할 수도 있다. 진심이 아니라는 걸 설령 그 사람이 알아챈다 해도. 서로 대하는 태도가 공손하고 협조적인 사무실 분위기를 조성하기 위해서 당신이 꼭 폴리애나*처럼 낙천적일 필요는 없다. 그 외에도 당신이 할 수 있는 일은 있으니까.

이메일 에티켓. 이 책을 읽는 당신도 '그룹 전체'에 이메일로 답장하거나 '받는 사람'의 이메일 주소를 입력하는 방법을 익히는 데 일찌감치 비싼 대가를 치렀을 것이다. 같은 사람에게 이메일을 몇 번 보내고 나면 다음부터는 이 사람 이름의 첫 글자만 쳐도 자동으로 주소를 알려주는 서비스 기능을 사용했을 때는 특히나 그 배움의 대가가 컸다. 우리는 모두 이메일이라는 지뢰밭에서 피해를 입었다. 간단하고 꾸밈없는 메시지를 보냈다가 오해를 샀고, 오자 때문에 창피를 당했다. 내가 보낸 첨부 파일 용량이 너무 커서 수신자의 컴퓨터가 고장 났고, 친구나 가까운 지인의 컴퓨터에 바이러스를

---

* 폴리애나(Pollyanna): 미국의 소설가 엘리너 H. 포터의 소설 제목이자, 그 소설 속 주인공의 이름. 지나칠 만큼 낙천적인 성격의 소유자를 상징하는 대명사로 쓰인다.

옮겼다. 잘 알려진 대로 이메일을 자칫 잘못 사용하는 데에서 빚어질 수 있는 개인적인 굴욕은 어마어마하게 크고 끔찍하다. 여기서 당신이 오해와 짜증 그리고 재난을 피하는 데 도움 될 이메일 에티켓에 대해 몇 가지 얘기하려고 한다.

첫째, 동료가 당신에게 보낸 메시지를 당사자에게 묻지도 않고 제삼자에게 '전달'하는 것은 예의가 아니다. 물론 그 사람과 맺은 업무의 특성상 이런 행위가 허용되는 경우도 있다. 그러나 그럴 때조차도 아주 신중해야 한다. 예전에 어떤 제작 사안에 대하여 사내에서 주고받은 이메일을 동료 중 한 사람이 사외 컨설턴트에게 '전달'을 해버려서 무척 실망한 적이 있다. 제작 사안에 대한 이메일을 주고받기 시작했을 무렵, 사외 컨설턴트를 두고 다음과 같이 점잖지 못한 얘기를 내가 썼었다는 것을 동료는 잊어버린 모양이다. "그러니까 이 사람은 이러이러한 걸 원한다는 거야. 도대체 내가 이 사람한테 뭐라고 해야 할까?"라고. 또 한번은 이런 적도 있다. 내가 작성한 원고 초기 평가서를 기획 담당자가 작가에게 '전달'을 해버린 것이다. 사내 모임을 위해 작성한 평가서에는 원고가 엉망이라 다루기가 까다롭고 출간을 하려면 다듬어야 할 부분이 무척 많다고 쓰여 있었다. 해결해야 할 문제들만 쭉 열거했을 뿐, 프로젝트의 장점은 한마디도 언급하지 않았다. 나는 작가에게 첫 인사를 그런 식으로 하고 싶지 않았다.

이메일을 '전달'할 때 지켜야 할 또 다른 예절은 이미 '전달'한 수신자에게 똑같은 메시지를 재전송하는 것은 아닌지 먼저 확인하는 것이다. 어느 편집주간은 같은 메시지를 내게 반복해서 '전달'한다. 그럴 때마다 내 '받은 편지함'이 어수선해질 뿐 아니라, 가끔은 데 자뷔로 혼동하기도 한다.

둘째, 옆구리를 쿡 찔러야 하는 사람 이외의 다른 사람에게까지 이메일을 복사해서 전송하는 것은 현명한 처사가 아니다. 당사자한테 답을 얻으려고 계속 시도했으나 뜻대로 되지 않을 때, 그런 절박한 상황에서 어쩔 수 없이 택하는 일이어야 한다. 특히 그 당사자에게 상황을 설명할 기회를 주지도 않고 그 사람의 상급자에게 관련 이메일을 복사해서 돌리는 것은 심술궂은 행동이다.

내가 저지른 실수가 그룹 전송이 되어 많은 사람에게 공개되는 것은 무척 쑥스럽고 짜증이 솟구치는 일이다. 이런 일이 최근 여러 번 있었다. 그럴 만하다 싶은 일도 있었고, 굳이 그러지 않아도 될 만한 일도 있었다.

심지어 문제 될 것이 없는 사안인데도 상대가 나한테 이메일을 보내면서 내 상사에게도 동시에 보냈다면, 상대는 내가 윗사람의 지도를 받을 필요가 있다고 생각한다는 뜻이다. 어떤 작가는 내 질문에 대해 답변하는 이메일을 기획 편집자에게도 자주 '참조'로 함께 보냈다. 그 사실을 알고 난 후로 난 그 작가에게 이메일을 잘 보내지 않는다. 내가 원고를 놓고 어떤 고민을 하는지 남들이 굳이 읽을 필요가 없다고 생각했고, 작가는 이런 내 생각을 눈치채지 못한 것이다. 한 프리랜서는 본인의 작업 내역서를 늘 내 상사에게 보낸다. 어차피 그 상사는 그걸 다시 나한테 보내줘야 하는데도 말이다. 나는 그걸 받아서 복사하고 관련 절차를 밟은 후에 상관에게 돌려준다. 생각해보면 참으로 우스운 상황이다. 그러면서도 여전히 신경이 쓰인다. 내가 너무 민감한 것인가? 그럴지도 모른다. 그러나 내가 민감하게 느끼는 사안은 분명히 다른 사람도 그럴 가능성이 있다는 얘기다. 그러니 당사자들끼리만 알면 좋을 일을 남들과 공유하고자 할 때는 이런 점을 고려하라.

셋째, 당신이 답장을 보낼 때, 질문자의 이메일이 자동으로 밑에 딸리는 기능이 설정되어 있지 않다면, 당신이 지금 어떤 질문에 답변하고 있는지 명확하게 밝혀라. 만약 당신이 질문을 보낸 사람한테서 '중요 사항!'이라는 제목으로 "알겠습니다", "감사합니다", 대단히 중요합니다! 즉시 실행해주십시오"라는 내용의 아리송한 이메일을 받으면 질문이 해결되기보다는 오히려 더 혼란스러워지고 이내 이런 상황이 걱정스러워지지 않겠는가.

2부 자신을 다스리며 동료 편집자와 함께 일하기

마지막으로, 자동 서명 기능을 설정해서 본인의 연락처를 빠짐없이 입력하도록 하라. 요즘 시대에 전화번호부를 사용하는 사람이 어디 있는가? 어떤 이의 연락처가 필요할 때 그 사람이 보낸 최근 이메일을 열어본다. 그 이메일의 하단에서 내가 필요로 하는 정보를 찾을 수 있으면 편하다. 거기서 찾을 수 없다면 그 정보를 어디서 찾아야 할지 난감해진다.

남의 머리 위에 서려고 하지 말고
사무실 내의 적절한 채널을 통해 협력을 도모하라

앞에서 나는 보고서를 제시간에 끝낼 수 있을 것인지를 동료 린다에게 직접 물으라고 했다. 그리고 원활하게 작업하는 방안에 대해 이야기를 해보자고 R 여사에게 직접 대화를 요청하라고도 했다. 이들 사례의 요점은 책임이 가장 막중한 당사자끼리 직접 대화를 하라는 것이었다. 이와 비슷한 상황에 놓였던 사내 동료가 "린다 씨가 맡은 헨리 프로젝트가 학회 일정을 못 맞출 위기에 처해 있어요"라는 내용으로 전 팀원에게 보내는 이메일을 '참조'로 받은 적이 있다. 앞뒤 상황에 대한 설명은 하나도 없이 파트너에게 해를 가한 경우이다. 다들 린다에게만 책임이 있다고 생각할 수밖에 없다. 발신자가 이메일을 보낼 때 린다가 어제에야 최종 전자파일을 받았다는 사실을 알았을까? 그룹 전송을 하기 전에 먼저 린다와 직접 확인을 했더라면 발신자는 좀 더 외교적인 수완이 있도록 표현할 수 있었을 것이다.

사무실에서 원고를 돌려가며 수정하고 원고 승인을 내리는 단계에서는 당신의 원고를 더럽힌 사람을 곤란에 빠뜨려야겠다는 미묘한 감정에 빠진다. 잡지 편집자인 내 친구 하나는 이런 경험을 했다. 자신이 편집한 원고를 돌려받고 보니, 애런 고프랜드^{Aaron Copland}라는 이름 옆에 한 상급 편집자가 "Copeland가 맞습니다!!!"라고 적어놓은 것이 눈에 띄었다. 화가 난 내 친구는 그 위에 "발음상 'Copeland!!!'라고 생각하기 쉬우나, 'Copland'로 씁니다"라고 비꼬아 쓴 뒤, 원고를 한 번 더 돌려 상급 편집자에게 굴욕을 안겨주었다. 아마도 그 친구는 지금도 그때를 떠올리면서 사악한 짜릿함을 느낄 것이다. 그 상급 편집자는 자신의 오만함으로 인해 오랫동안 주변 동료로부터의 냉소에 찬 시선을 참아내야 했다.

사무실 내의 적절한 채널을 통해 협력을 도모하려면 돌출 행동을 삼가고 일반적으로 남들이 따르는 규정대로 행동하는 것이 좋다. 그러나 더 정확히 얘기하면 문제 해결은 가능한 한 책임이 가장 막중한 당사자와 함께 시작해야 하고, 또 상대의 머리 꼭대기에 서려고 해서는 안 된다.

최근에 나는 낯선 프리랜서가 형편없이 편집한 색인을 받았다. 급히 서둘러야 하는 중요한 책에 실릴 색인이었다. 이 참담한 상황을 마주한 순간, 마음속에 경보가 울렸다. '색인 작업도 못해? 마감일 연기! 꼬리를 감춰야지!' 등의 생각이 머릿속에 스치자, 나는 편집장에게 가려고 자리에서 일어났다. 하지만 사무실 문에 반쯤 걸쳐 서서 걸음을 멈추고 다시 생각한 뒤, 편집장에게 가는 대신 책의 내용을 잘 알고 있고, 또 이런 색인은 실을 수 없다고 확인해줄 기획 편집자에게 갔다. 그리고 다시 내 자리로 돌아와서 색인에 빨간 줄을 친 다음, 어디에 문제가 있는지 설명을 써서 이메일로 프리랜서에게 보냈다. 색인 작업을 다시 해달라고 요청하면서 매우 시급하다고 덧붙였다. 이메일을 보내고 얼마 후, 그 프리랜서에게 전화를 걸었다. 프리랜서는 사안을 곧바로 이해했고, 몹시 창피하다는 듯 사과하면서 가능한 한 빨리 고치겠다고 약속했다. 그리고 하루 만에 아주 만족스럽게 수정된 색인을 보내왔다.

이 경우는 당사자와 직접 문제를 해결하는 전략을 쓴 것이다. 이로 인한 수혜자는 총 네 명이다. 나는 단지 하루 늦게 색인을 받았을 뿐이고, 프리랜서는 이 경험으로 배운 것이 있으며, 편집장은 골치 아픈 문제가 하나 줄어들었다. 그리고 독자는 참으로 유용한 색인 목록을 손에 쥐게 되었다. 여기서 하나를 덧붙이자면 전문가답게 훌륭한 수정안을 빨리 보내온 프리랜서의 능력과 협조적인 자세를 보았으니, 나는 이 사람과 계속 일할 것이며 따라서 출판사는 한 명의 프리랜서를 잃지 않아도 되었다.

마지막으로 한 번 더 기억하자. 사무실 내의 적절한 채널을 통해 협력을 도모하는 데에는 이메일 에티켓 또한 포함된다. 당신이 다른 사람들에게 메시지를 전달하거나 그룹 전송을 하기 전에 한 번만 곰곰이 생각한다면 누군가가 곤란해지지 않도록 미리 도움 줄 수 있을 뿐만 아니라, 사소한 문제가 불거져 서로 사적인 복수를 주고받는 상황이 벌어지는 사태를 막을 수도 있다.

편집상의 의견 차이

이 장을 시작할 때 팀의 일원으로 편집을 하는 사람이라면 당연히 공감할 수 있는 불평들을 모아보았다. 편집과 관련된 사안에 대해 동료와 이견을 조율하는 과정은 작가들과의 그것과 실은 큰 차이가 없다. 뚜렷한 차이라고 하면 (1) 동료와는 하나의 매뉴얼을 공유한다는 것, (2) 동료는 휴게실에서 매일 마주치는 사람들이라는 것 정도다. 다는 아니고 절반쯤 마주치는 것 같다.

사무실에서 채택한 매뉴얼은 중재의 수단으로 인정된 것이기 때문에 편집상 이견이 있을 때마다 문제 해결을 위해선 이 매뉴얼을 우선시해야 한다. 만약 당신이 이 매뉴얼에서 벗어나기로 결정을 내렸다면 그 까닭을 상대에게 이해시켜야 한다. 최근에 한 동료가 그렇게 했다. 동료가 담당하는 책의 작가가 책날개에 실릴 자신의 직위 첫 글자를 대문자로 쓰고 싶어 했다. 그 원고가 다른 편집자들의 손을 거쳐 나한테 왔을 때, 나는 그 직위의 첫 글자를 소문자로 고쳤다. 동료는 이메일로 나의 주장을 옹호했다. 동료가 보내온 이메일은 요령과 재치를 담은 이메일의 모범이라고 할 만했다. 끝에서 싱글거리는 저 웃는 얼굴까지, 완벽했다.

> 안녕하세요. 책날개에 실릴 저자 직위의 첫 글자를 원칙에 맞게 소문자로 고쳐놓으신 것을 보았습니다. 작가가 본인 직위의 첫 글자를 대문자로 써주기를 요청할 당시, 그것 외에도 요구 사항과 불만 사항이 아주 많았습니다. 그리고 저로서는 대부분 수용하기 어려운 것들이었고요. 따라서 저는 이 문제만큼은 작가가 원하는 대로 해주는 것도 그리 나쁘지 않으리라 판단했습니다. 원칙에 어긋난 줄은 알고 있어요. 실은 이 부분에 대해 작가와 카탈로그 작업 단계에서 언쟁을 하기도 했습니다. 언쟁에서는 제가 이겼습니다만, 혹시 이 부분만 예외로 『시카고 매뉴얼』을 적용하지 않을 수 없을

까요? 만약 그럴 수 없다고 판단하신다면 저는 그 생각을 수용하고 소문자로 수정된 것을 제가 눈치채지 못한 척하겠습니다. 고맙습니다. ^-^

이메일을 읽으면서 이 남자가 나를 얼마나 까다로운 사람으로 알고 있었는지 생각해보게 되었다. 어쨌거나 확실히 보내온 동료의 이메일 때문에 나는 쉽게 동의할 수 있었다.

도저히 이견을 좁힐 수 없을 만큼 심각한 경우에는 4장에서 까다로운 작가와 일할 때를 위해 제시한 전략들을 다시 살펴보아라. 상대의 의견에 당신이 반기를 드는 동기를 검토하라. 요령 있게 당신의 주장을 펼쳐라. 옳고 그름이 아니라, 기호에 따른 선택의 문제에 가깝다면 더는 논쟁하지 마라. 최후의 수단으로 권위 있는 상급자에게 호소하라. 그런데 만약 그 상급자와 의견 차를 보이고 있는 거라면? 그때는 지정 편집자나 상관들도 사람이자 동료로 간주하라. 이들은 단지 급이 높고 힘이 세다는 차이가 있을 뿐이다. 그냥 우아하게 포기해버리지 말고 상대와의 관계를 고려할 때 지나치지 않는 선에서 가능한 한 많이 논쟁하라. 눈을 몇 번을 씻고 봐도 여전히 틀린 결정인데 수용하도록 강요받았다는 느낌이 든다면 그동안 당신이 어떻게든 고쳐보려고 애썼던 흔적을 따로 보관해두어라. 그리고 그 보관 문서가 두툼해지기 시작하면 이직을 고려하라.

맡은 바 책임 다하기

주변의 일이 잘못되어갈 때 본능적으로 딱 꿰차려고 드는 곳이 바로 사무실이라는 환경이다. 자신이 잘못을 책임져야 할 일인 경우에 순순히 그렇다고 인정하는 것은 함께 일하는 문화를 일구는 데 도움이 된다. 당신이 이런 행동을 보일 때 남들은 열렬히 호응한다. 곤경에서 벗어났다는 안도감 때문에 그들은 쉽게 너그러워진다. 당신을 안심시키려고 하거나 어쩌면 같이 책임지려고 할 수도 있다. "죄송합니다. 제가 미처 그 부분을 발견하지 못했네요"라는 당신의 말을 들으면 그들은 "아이, 우리 중 누구도 발견하지 못한 일이잖아요"라고 답할 가능성이 크다.

만약 당신의 잘못이 아닌 일인데도 남들이 당신 탓을 하니까 속이 타서 당신까지 다른 누군가를 탓한다면 누구에게도 득이 되지 않는다. 상황을 바로잡는 것이 중요하다고 생각되면 누구의 의견이 가장 타당한지를 살펴서 그 사람에게 조용히 문의하는 것이 적절하다. "일이 왜 이렇게 됐는지 잘 모르겠습니다. 정확히 짚고 넘어가는 게 좋겠어요. 그래야 같은 일이 반복되지 않겠죠. 틈날 때 함께 정황을 살펴보도록 할까요?"라고 말이다. 그러지 않고 화를 내거나 방어적인 태도를 취하면 순간의 비난은 모면할 수 있겠지만, 이 같은 태도는 당신의 평판만 나쁘게 만들 뿐 동료와의 관계를 유지하는 데 아무런 보탬이 되지 않는다.

업무상 관계가 밀접한 동료가 자주 문제를 일으킬 때는 가능하다면 아주 적극적인 행동을 취해서라도 잘 지내보도록 노력하라. 1970년대 필라델피아 근교에 있는 어느 지방지의 최종 교정쇄를 담당했던 내 친구는 당시 기사 편집실의 현장감독이 아주 유별났다고 기억한다. 원고가 신문 지면에 맞지 않으면 이그젝토 칼*로 지면을 벗어난 문장이나 단락을 잘라내고 쓰레기통에 던져버리는 것이 그 감독의 해결책이었다. 만약 문장의 중간에서 이런 일이 일어났다면 펠트펜으로 온점을 찍어놔버리고도 남을 사람이었다. 내 친구는 쓰레기통을 뒤져서 원고를 찾아내고 이야기의 끝을 읽은 다음, 최소한 앞뒤가 연결되도록 신문 기사를 자신이 편집할 수 있게 해달라고 애원하느라 많은 시간을 보내야 했다. 물론 이런 식으로 문제를 합의하는 것은 여러 가지 면에서 결코 이상적이지 못하다. 어쨌거나 그 감독은 잘리는 일이 없었고, 내 친구도 직장 생활을 계속할 수 있었다. 독자들은 대체로 읽어볼 만한 기사를 접할

---

* 이그젝토(X-Acto) 칼: ㈜엘머스 프로덕츠(Elmer's Products, Inc.)에서 제작한 펜 모양의 다용도 칼. 손으로 쥐는 알루미늄 몸체에 짧고 날카로운 칼날이 한쪽 끝에 고정되어 있다. 모형 제작 같은 수작업에 사용한다.

수 있었다.[5]

꼬리 감추기

온순하고 조직적이며 조직의 일원으로서 책임을 다하려는 태도
로 문제 상황에 대응하겠다는 전략을 세운 당신이라도 언젠가 어쩔
수 없이 본인의 입장을 해명해야 할 순간을 맞을 수 있다. 어떤 실수
로 인해 엄청난 비용이 들었다거나 어쩌면 회사가 공개적으로 수모
를 당했을 때가 이에 해당한다. 봄철 기금을 마련하는 모금 행사에
참여한 어느 여류 인사의 사진 밑에 설명을 실으면서 실수로 공작
새가 깃털을 펼쳐 보이는 사진의 설명을 붙인 것이다. "동물원의 이
늙은 새*는 따스한 봄볕을 잠깐 쪼이려고 바위 뒤에서 느릿느릿 힘겹
게 걸어 나왔다"라고. 한 친구가 자신이 전에 일했던 신문사에서 일
어난 일일 거라고 장담했다. 정황상 당신이 잘못한 것처럼 보인다
면 반드시 누군가가 당신더러 설명해보라고 할 것이다.

얼마나 강력히 자신을 방어할 것인가는 본인이 결정할 문제지만

---

5 이 책에서 내가 하는 조언은 편집상의 언쟁에만 국한된다. 직장에서 문제를 일으키는 사람이 지켜야 할
선을 넘어서서 성희롱이나 따돌림 그리고 그 외 부적절하거나 위험한 행동을 보인다면, 이 책보다 더 크고 두
꺼운 책이 필요할 수도 있다. 뿐만 아니라 상관이나 인사부(인력개발부서)의 도움을 받아야 할지도 모른다.

* 영어에서 새(bird)는 속어로 '사람(보통은 여자)'을 지칭하기도 한다.

그 결정을 내리기 전에 적절한 방어 수단이 갖춰져야 한다. 바로 이럴 때 일정표와 일지, '오늘의 할 일' 목록, 보관 문서 등이 큰 도움이 된다. 여기 어딘가에 증거가 될 만한 자료가 있다. 이 증거자료를 바탕으로 언제 무슨 일이 어떤 순서로 일어났는지, 누가 누구한테 정확히 무슨 지시들을 내렸었는지 등 당시의 상황을 재구성할 수 있다. 위의 모든 자료들을 습관적으로 잘 정리해왔다면 여기서 필요한 사항을 쉽게 찾을 수 있을 것이다.

그러나 현명하게 활용하라. 증거자료를 스무 명에게 이메일로 돌리거나 출력 자료를 손에 들고 의기양양하게 관리자 앞으로 행진하는 등의 충동적인 행동을 자제하라. 다른 사람들이 화를 내며 당신에게 해명을 요구해도 당신만 차분하고 이성적인 태도를 유지한다면 사태가 악화되는 것을 막을 수 있다. "전에 주고받은 자료들을 살펴봤는데요, 상황이 이렇게 되지 않도록 제가 달리 할 수 있었던 일은 없었습니다. 이런 상황이 제 잘못이라면 저도 그 이유를 정확히 짚고 넘어가고 싶습니다."

물론 조사 결과 당신이 일을 크게 망쳐놓은 것으로 드러나도 잘못을 인정할 것인가 하는 것은 본인이 결정할 일이다. 나라면 인정할 것이다. "제가 큰 실수를 저질렀습니다"라고 말하기는 쉽지 않겠지만, 이런 말을 해야 하는 상황이 자주 벌어지지만 않는다면 당신의 평판이 나빠져서 고생할 일은 없을 것이다. 다시는 그런 일이 없도록 어떻게 노력할 것인지 그 계획을 제시할 수 있다면 더욱 좋겠다.

성공 사례를 관리하라

좋은 소리를 듣자고 편집을 하는 건 아니라고 앞서 내가 말했다는 것을 안다. 그러나 거짓말이었다. 편집자로 살면서 가장 뿌듯한 순간은 작가가 편집자의 수고에 고마워하고 특별히 신경 써서 '감사의 말'을 통해 공개적으로 인정해줄 때다. 만약 당신이 편집해놓은 결과가 작가의 마음에 들지 않을 때는 반드시 사무실의 누군가가 이것을 알게 되게 마련이다. 따라서 당신의 작업에 대한 작가의 반응이 긍정적이라면, 그리고 그러한 사실을 인쇄물이나 이메일 등으로 알려왔다면 그것을 출력해서 '자랑거리 파일'에 보관해두어야 한다. 우리 편집장은 우리더러 작가한테서 받은 칭찬의 결과물을 가져오라고 자주 이른다. 편집장은 그것을 파일로 모아두고 부하 직원의 승진이나 월급 인상과 관련된 예산에 대하여 상관과 얘기를 나눌 때 유용하게 활용한다.

당신만의 소박한 방식으로 자신을 스스로 홍보할 수 있다. 연례 인사고과를 받는다면 아마 지난 한 해 동안 자신이 거둔 성과를 기록해야 할 것이다. 프리랜서라면 고객을 찾아 나설 때 자신의 이력서에 의존할 것이다. 그러므로 성과가 있을 때마다 기록으로 남기고 파일로 모아두어라. 어려운 프로젝트를 제시간에 끝냈거나, 정해진 예산 내에서 프로젝트를 마쳤거나, 편집한 작품이 문학상을 받았거나, 팀 프로젝트에서 월등한 성과를 냈거나, 감당할 수 있는 편집의 양이 늘었거나, 편집에 관한 강의를 들었거나, 관련 학회에 참가했다면, 이런 모든 사항은 평가 시기에 언급할 만한 가치가 분명히 있다.

🅐 때에 따라 그럴 수도 있습니다.
🅐 때에 따라 그럴 수도 있습니다.
🅐 때에 따라 그럴 수도 있습니다.
🅐 때에 따라 그럴 수도 있습니다.
🅐 그 동료분이 틀리셨어요. 잘 해결되길 빕니다.

10장

이러지도 저러지도 못하는
프리랜서 편집자의 곤란한 처지

Q 어떻게 하면 편집자가 될 수 있는지 가르쳐주세요.

상관은 여럿이지만 독립적으로 일하기

편집자라고 해서 모두가 사무실에서 근무하는 것은 아니다. 많은 편집자가 독립적으로 계약을 맺고 집에서 혼자 일하기를 선호한다. 일단 혼자 일하는 체계가 잡히고 믿을 만한 의뢰인들과 일하면서 일정 수입을 꾸준히 벌어들이게 되면 프리랜서로서 환상적인 삶을 꾸릴 수 있다. 통근할 필요도, 출퇴근 시각을 기록할 필요도 없으므로 자연히 아이들과 함께 집에서 시간을 보내거나 여행을 하거나 소설을 집필하는 등 업무에 융통성을 부릴 수 있다. 주 40시간을 근무하는 사람으로서는 불가능한 일들이다. 물론 프리랜서 생활에도 단점은 있다. 유급휴가나 병결을 쓸 수도 없고 기술적인 지원을 받을 수도 없다. 건강보험은 근무자라도 여전히 반반의 혜택이지만 프리랜서는 혜택이 전혀 없다. 사실 나는 여기서 프리랜서의 장단점을 논하려는 게 아니다. 장단점은 극명해서 조직에 소속된 편집자들은 독립을 꿈꾸는 한편, 프리랜서 편집자들은 봉급을 받는 자리에 대한 목마름이 있다. 규모가 거대한 프리랜서의 활동 시장은 편집자 자신과 고용주, 모두에게 그 가치가 크다.

프리랜서 편집자도 한곳에 고용된 편집자와 비슷한 문제로 애를 태운다. 마감일을 지켜야 하고 프로젝트 몇 개가 겹치기도 하며 성깔 있는 작가들과 부딪히기도 한다. 사용하는 소프트웨어도 같고 맞서 싸워야 하는 마음속의 충동도 비슷하다. 만약 관련 사업의 규모가 혼자 일하는 것 이상으로 큰 경우에는 동료나 고용주와 함께 일해야 한다. 그렇지만 프리랜서 편집자와 상근 편집자 사이에는 여전히 분명하고도 큰 차이가 있다.

가장 뚜렷한 차이를 꼽자면 프리랜서 편집자는 작업료를 지급해주는 의뢰인이 여럿이라는 점이다. 각 의뢰인은 저마다 활용하는 매뉴얼이 다르고 원고를 준비하는 과정 또한 상이하다. 그러므로 작업 내역을 빠짐없이 잘 정리해서 기록해두어야 한다. 설령 드문드문 일감을 주는 의뢰인이라 하더라도 계약을 맺을 때마다 당신과 처음 일하듯 하고 싶지는 않을 것이다. 의뢰인마다 원하는 바가 어떻게 다른지 파악하고 이것에 대응하는 일은 당신의 몫이다. 즉, 각 의뢰인이 어떤 사전과 매뉴얼을 사용하는지, 예외로 두는 사항은 어떤 것이 있는지 알아야 한다. 또 하나 큰 차이점이라면 프리랜서 편집자는 정해진 일감을 놓고 다른 프리랜서 편집자들과 경쟁을 해야 한다는 것이다. 따라서 고용주가 일일이 신경 써야 하는 프리랜서는 도태될 수밖에 없다.

곤란한 처지 1 | 동시에 여러 개의 프로젝트 꾸리기

프리랜서 편집자는 대개 작업 일정이나 마감일을 결정하지 않는다. 어느 편집자가 전화나 이메일로 당신이 작업을 맡아줄 수 있겠는지 물어올 것이다. 이때 이 편집자는 마감일은 물론 해당 원고를 편집하는 데 드는 예상 시간도 알려준다. 편집을 맡아줄 사람이 간절한 상황에서 만약 당신이 이 일을 맡을 수 없다거나 다른 일로 마감일을 지킬 수 있는 형편이 아니라고 말하면, 당신의 일정에 맞춰서 편집자가 마감일을 조정해줄 수도 있다. 반대로 당신은 일감이 필요한데 그 편집자의 태도에서는 조금도 조급함이 묻어나지 않는다면 괜히 당신 편에서 일정을 조정하려고 했다가 일감을 놓치는 수가 있다. 여기서 당신은 프리랜서 편집자이기에 겪는 곤란한 상황을 마주한다. 다른 일로 바쁘다고 솔직하게 밝히고 일감을 놓칠 것인가, 아니면 일단 "물론이죠. 작업하고 싶습니다"라고 한 후에 잠을 줄이면서까지 마감일을 지키려고 발버둥을 칠 것인가, 둘 중 하나다.

노련한 프리랜서라도 이런 상황이 곤란하기는 마찬가지이다. 편집주간은 이런 상황의 결과로 발생하는 문제점과 늘 맞닥뜨린다. 마감일을 지키지 못할 것 같다고 프리랜서 편집자가 알려오는 것이 바로 그것이다. 담당자가 야무진 편집자라면 이런 상황에 대비해서 미리 일정을 여유 있게 조정해놓았겠지만 그렇다고 항상 그럴 만한 여유가 있는 것도 아니다. 설령 그럴 수 있다 하더라도 담당 편집자는 무조건 화가 날 법도 하다. 또 다음번 누군가의 도움이 필요할 때 당신이 마감일을 늦췄던 기억을 떠올릴 것이다. 따라서 당신이 일할 여유가 있는지, 그리고 얼마나 빨리 해낼 수 있는지를 솔직하게 말하는 편이 낫다. 일주일에 몇 시간 정도 오롯이 편집에만 신경을 쏟을 수 있는지 스스로 파악해둬라. 혹시 일정을 조정할 수 있는지 알아보는 차원에서 프리랜서의 도움이 필요한 담당 편집자에게 자신의 작업량을 솔직히 알리는 것을 두려워 마라. 만약 당신이 느리긴 하지만 믿을 만한 프리랜서라고 알려지면 그런 평판은 여전히 좋다. 특별히 서둘러야 하는 일이 아닌 일감은 담당 편집자가 당신 같은 프리랜서에게 제일 먼저 의뢰하게 될 테니까. 늘 마감이 늦는 프리랜서로 알려지면 어차피 급한 일감은 얻지 못한다. 담당 편집자의 프리랜서 연락망에는 작업 스타일별로 다양한 프리랜서 정보들이 기록되어 있다. 특별히 작업 속도가 중요시되는 일이 아니라면 담당 편집자의 머릿속에서 으뜸이 되는 기준은 프리랜서에 대한 신뢰와 작업의 질이다.

곤란한 처지 2 ┃ 예상 작업 시간이 짧았다면, 그것은 누구의 잘못인가?

경력 있는 편집자라면 이런 곤란한 처지에 대해 잘 알고 있을 것이다. 어떤 프로젝트를 맡기로 계약하고 일정에 맞춰 작업을 진행하는데 어느 시점에선가 작업 시간을 너무 짧게 잡았다는 느낌이오기 시작한다. 마감일을 넘길지도 모른다는 생각도 든다. 설령 하루 동안의 작업량을 늘려서 마감일을 지킬 수 있다고 하더라도 여전히 문제는 남는다. 예상 작업 시간을 초과한 만큼 작업료를 더 달라고 청구하는 것이 현명할 것인지 판단해야 한다. 이때는 자율시행제도honor system(지켜줄 것으로 믿고 규정의 준수를 위해 별도로 강력히 규제하지 않는 제도—옮긴이)가 적용된다. 당신이 청구한 시간만큼 실제로 작업했는지 의뢰인으로서는 확인할 방법이 전혀 없다. 실제로 일한 만큼의 시간을 적으면 의뢰인이 믿어주지 않을 것 같다. 작업료를 부풀리려는 것으로 여기지 않을까? 그러다 딜레마에 빠진다. 의뢰인이 처음에 예상한 것보다 더 오래 일했다고 작업료를 추가로 청구해서 의뢰인의 불만을 살 것인가, 아니면 실제로 일한 만큼 돈을 못 받더라도 예상 작업 시간에 맞춰서 기록할 것인가 고민이 된다.

내 생각에 이런 문제 앞에서는 고용주를 속이는 프리랜서보다는 자기가 손해 보고 마는 프리랜서가 훨씬 많은 듯하다. 어느 경력 프리랜서가 내게 말하길, 실제로 몇 시간 작업했는지 확인하는 일을 본인은 오래전에 그만두었고 그냥 예상 작업 시간만큼만 청구한다고 했다. 그러나 자신이 실제로 일한 시간을 줄여서 청구하기 전에 어째서 예상보다 더 많은 시간이 걸렸는지 깊이 생각해봐야 한다. 스스로 아래의 두 질문에 답해보아라.

질문 1. 해당 프로젝트를 진행하는 과정에서 전에 겪어보지 못한 문제와 부딪혀 그 해결 요령을 찾아야 했는가? 이제 막 편집에 발을 내디딘 사람이라면 요령을 터득하는 데 시간이 필요할 것이다. 이런 시간까지 고용주한테 작업료 지급을 요구하는 것은 옳지 않으나, 앞으로 계속 도움을 주고받기 위한 투자라고 생각한다면 당신이 요령을 배워가는 과정을 고용주가 어느 정도 함께 견뎌주는 것도 타당하다. 새내기 사내 편집자들에게도 이런 식의 투자는 한다. 여기서 터득한 요령이 기본적이고 일상적이어서 앞으로 다른 원고를 작업할 때도 활용할 수 있겠다 싶으면 그 요령을 배우는 데 들었던 시간은 스스로 감당하라. 만약 부딪힌 문제가 다소 까다롭고 다른 원고에서 자주 드러날 문제가 아니라면 초과 작업 시간을 등분해서 그 절반의 비용을 청구하라. 해결해야 했던 문제가 베테랑 편집자라도 무척 고생했을 보기 드문 종류의 문제이고, 더욱이 앞으로 원고를 작업하면서 이런 문제에 다시 부딪힐 일이 없을 것 같다면 자세한 설명과 함께 초과한 작업 시간 전부에 대한 비용을 의뢰인에게 청구하라.

질문 2. 시간을 꼭 초과해서 작업할 필요가 있었는가, 아니면 본인의 작업 속도가 느렸거나 어떤 충동에 이끌린 결과인가? 영국식 문장부호를 미국식 문장부호로 바꿀 때 자판 몇 개만 치면 전부 바꿀 수 있는 것을 당신이 몰랐다고 하자. 그래서 일일이 직접 손으로 바꿨던 거라면 판단력이 부족하고 무지한 데서 초래된 초과 작업 시간에 대해 다른 누군가가 작업료를 지급하는 것은 부당하다. 이런 작업을 해결하는 자동 기능은 없는지 주변 사람들에게 물어봤을 수도 있었고, 아니면 애초에 이런 작업이 꼭 필요한지 편집주간에게 묻고 확인할 수도 있었다. 문서를 깔끔히 정리하는 데 따르는 어떤 잡무들은 식자공이 처리할 수도 있다. 당신은 이것들을 주의하기만 하면 된다.

곤란한 처지 3 ┃ 액수 정하기와 수금하기

프리랜서가 아무래도 제일 신경 쓰는 문제는 돈이다. 조직에 소속된 편집자들은 봉급을 받는 것을 당연시한다. 그러나 프리랜서는 어째 본인이 늘 남에게 손을 벌리는 듯한 생각이 들게 마련이다. 게다가 너무 적게, 혹은 너무 많이 청구한 것은 아닌지 하는 생각이 끊이질 않는다. 내가 14살 때 겪었던 일이 떠오른다. 그 당시 나를 뺀 다른 베이비시터들은 새해 전날 밤 아이를 봐주는 대가로 무조건 5달러를 받는다는 사실을 알게 되었다. 시간당 50센트를 받는 나는 내 급여가 적다고 느꼈다. 친정 엄마도 고등학생 시절에 이만큼은 받았으니까. 게다가 내가 아이를 돌봐준 집은 내 급여 때만 되면 꼭 수중에 현금이 조금씩 부족하다고 했다. 그래서 이 집의 스투비 부인이 새해 전날 밤 아이를 봐줄 수 있느냐고 물었을 때 나는 그 아주머니께 특별 요금을 말씀드렸다. 놀랍게도 부인은 내 제안에 동의했다. 기막힌 반전을 당신이 벌써 눈치챘을까? 스투비 부부는 나한테 아이들을 맡겨놓고 저녁 6시에 집을 나섰다가 다음 날 새벽 5시가 되어서야 돌아왔다. 장장 열한 시간! 스투비 씨는 내게 보란 듯이 5달러를 건넸다. 1센트도 더 주지 않았다. 이때의 기억은 아직도 생생하다. 이 경험을 통해 나는 최저임금이라는 개념을 알게 되었다.

얼마를 청구할 것인가. 당신은 서비스를 제공하는 개인 사업가다. 따라서 급료가 얼마라고 정하는 것은 당신의 특권이고 얼마냐고 묻는 것은 의뢰인의 의무이다. 그런 후에야 비로소 양쪽 모두 협상할 자격이 생긴다. 이때 (1) 당신의 경력, (2) 당신이 제공할 서비스, (3) 당신을 고용할 의뢰인, 이 세 가지를 고려하여 적정한 선의 급료를 알아내는 것이 요령이다. 이 세 가지는 각기 따로 살펴야 할 사항들이다. 결국, 새내기 편집자는 숙련된 편집자만큼의 작업료를 받을 수 있으리라 기대해서는 안 된다. 소설을 교정하면서 전문 기술 서적을 교정할 때만큼 돈을 벌 것으로 생각해서도 안 된다. 아동 도서 출판사를 상대로 의학서 출판사와 같은 수준의 대우를 해달라고 요구할 수는 없다. 당신의 수준에 맞는 급료를 알아내려면 수고를 좀 해야 한다. 에디토리얼 프리랜서협회Editorial Freelancers Association(편집자, 색인 관리자, 교정 교열자, 작가, 번역가 등 출판편집과 관련된 다양한 분야의 전문가들이 모여 만든 단체로 프리랜서와 의뢰인을 이어주는 역할을 함—

옮긴이)[1]*처럼 프리랜서 편집자를 위한 웹 사이트들을 찾아다니면서 정보를 검색하라. 당신의 경력에 적정한 수준의 급료는 얼마쯤으로 생각하는지 가입된 리스트서브의 회원들에게 의견을 물어보라. 그래도 모르겠으면 당신 정도의 경력자에게 보통 어느 정도 대우를 해주는지 새 고용주에게 직접 물을 수도 있다. 그런 다음, "제 경력으로 볼 때 말씀하신 선의 중간쯤이면 적당할 것 같습니다"라고 답하면 된다. 당신 경력이 진짜로 그 정도 수준일 때 그렇다는 얘기다. 만약 당신의 경력이 정말 탄탄하고 최고 수준의 서비스를 제공할 수 있을 것이라 확신한다면 최고의 대우를 해달라고 요청할 수 있다. 적정한 급료의 선을 상대한테 제시해보라고 하면 혹시 터무니없이 낮게 부르지 않을까 걱정될 수도 있지만 어디까지나 이건 협상의 출발점이라고만 생각하라. 대부분의 편집주간은 당신을 정당하게 대우할 것으로 나는 믿는다. 편집주간들도 실력 좋은 프리랜서를 찾으면 자기 옆에 두고 싶어 하기 때문이다. 그러나 상대가 제시한 급료가 당신의 조사 결과나 기대치에 비해 너무 낮다면 "X 달러쯤 더 고려해주실 수 있으십니까?"라고 물어라. 상대가 그럴 수 없다고 한다면 이제 당신은 그 일감을 받을 것인지, 아닌지를 결정

---

1 에디토리얼 프리랜서 협회(Editorial Freelancers Association): http:///www.the-efa.org/res/rates.html.

* 한국 출판인 전문 사이트 : http://bookeditor.org

해야 한다.

프리랜서로 개발 편집도 겸하고 있는 내 동료 편집자에 의하면 어떤 작업은 다른 작업들보다도 훨씬 그 가치가 높은데도 의뢰인이 이러한 사실을 이해하지 못하는 경우가 있다고 했다. 이 동료는 자신이 제공하는 서비스의 가치를 알지 못하는 고용주들에게 그것을 알리는 일에는 수줍음을 타지 않는다면서 "단지 교정 교열만 보는 일이라면 내 급료가 낮을 수도 있어요. 하지만 의뢰인의 명성을 드높일 수도, 떨어뜨릴 수도 있는 공개 토론회와 관련해서 의뢰인을 도와주는 일이라면 당연히 내 급료도 그만큼 올라가야 해요"라고 했다.

박박 긁어모으기. 일단 급료는 그 절차의 틀만 잡히면 저절로 손에 쥐게 될 것이다. 그 시작 단계로 주문서나 계약서 형태의 문서를 받아내라. 만약 의뢰인이 이런 형식적인 일을 귀찮아하고 당신은 이런 의뢰인에 익숙하다고 해도 최소한 계약에 동의한다는 것을 보여주는 기록은 보관하고 있어야 한다. 그런 측면에서 작업을 시작하기 전에 합의된 계약 조건을 재확인하는 이메일을 보내는 것은 현명하다. 그리고 이런 태도는 해당 의뢰인이나 기관과의 업무 관계가 자리 잡기 전까지 유지하도록 하라. 프리랜서 편집자로 첫발을 막 내딛는 순간, 계약금을 요구하고 싶은 마음이 생긴다. 고용인이 개인이면 기관일 때와는 달리, 신용할 수 있는 상대인지 확인하는 차원에서 계약금을 요구하는 것이 지혜로운 방법일 수도 있다. 그렇지만 계약금을 주고받는 것이 관례는 아니다. 작업 일부가 마무리되면 그 부분에 대한 작업 내역서를 제출하는 것이 보다 일반적인 관행이다. 하지만 이것도 전체 작업을 끝내는 데 수개월 이상 걸릴 때 해당하는 얘기이다. 이런 부분은 고용주에게 직접 물어봐도 괜찮다.

편집이 모두 끝나면 완성된 원고와 함께 작업 내역서를 보내든지 아니면 원고만 먼저 보낸 후, 의뢰인이 원고 수취 사실과 작업에 대한 만족감을 알려올 때까지 기다려도 좋다. 그러나 2~3일 이상 기다리는 일은 없도록 하라. 신속히 청구서를 보내는 것은 프리랜서로서 수입을 꾸준히 벌어들이는 데 필수적이다.

인쇄 비용을 지원해주는지 또는 내가 직접 편집 원고를 출력해서 작가에게 보내줄 수 있는지 묻는 프리랜서들이 가끔 있다. 사내 규정상 이런 절차를 밟는 출판사들이 있을 수도 있지만 내 경우엔 인쇄도 프리랜서가 해야 하고 이때 드는 종이나 잉크 비용도 프리랜서의 시간당 급료에 이미 포함된 것으로 생각한다. 대신 원고를 발송하는 데 드는 우편요금의 영수증은 내게 보내달라고 요구한다. 바로 이것이 견적에 따른 비용과 측정에 따른 비용의 차이점이다. 견적에 따른 비용은 프리랜서가 감당해야 한다. 측정에 따른 비용을 처리하려면 영수증이 필요하다. 인쇄를 하거나 원고를 우편으로 발송하는 일을 프리랜서가 혼자 알아서 처리하느냐, 아니면 관리자가 프리랜서에게 위임했다고 생각하는 일을 가지고 관리자를 귀찮게 하느냐, 이 둘의 차이가 어쩌면 더욱 중요할 수 있다. 일을 시작하기 전에 이런 문제들을 확인하는 것도 좋다. 프리랜서가 우편 발송이나 인쇄 때문에 본인이 쓴 몇 달러짜리 영수증을 가지고 관리자를 귀찮게 하는 것보다는 차라리 다른 말없이 작업 내역서에 30분 더 일한 것으로 청구하는 편이 내게는 훨씬 나을 것 같다.

마지막으로, 수입 일지를 잘 작성하라. 당신의 수입이 특정 금액을 넘어서면 연방 정부가 당신의 수입에 관심을 가질 것이다. 당신에게 급료를 지불하면서 누구도 세금을 미리 제하지 않기 때문에 당신은 본인의 세금을 추정해서 연방 정부에 분기별로 납부*해야 한다.

악덕 의뢰인과 상대하기. 다행히도 내가 아는 프리랜서 중에는 급료를 받지 못해 애를 태우는 이가 거의 없다. 그렇지만 지급이 늦어진 경험은 다들 겪어본 듯하다. 달리 은행 대출금을 갚을 수 있는 길이 있다면 다행이지만 그렇지 않다면 받아내야 할 돈에 대해 훤히 꿰뚫고 있어야 한다. 사업상 청구서를 보낸 지 30일이 지나도록 아

---

* 한국에서 번역가는 개인 사업자로서 수입의 3.3%를 원천징수의 형태로 납부하며 매년 5월 관할 세무서에 소득 신고를 하게 되어 있다.

무런 연락이 없다면 끼익 소리가 나도록 당신이 브레이크를 밟아도 전혀 무리가 아니다. 전에 보낸 청구서의 사본을 이메일로 보내면서 급료가 곧 지급될 예정인지 좋게 물으라. 안심될 때까지 필요하다면 계속 소리 내라. 그런 일은 드물지만 이래도 해결이 안 되면 청구 소송을 내겠다고 할 수도 있다. 극단적으로 들릴지 모르지만, 최소한 덩치 큰 사내 몇을 부르는 것보다는 훨씬 공손하고 합법적인 방법이다.

당신은 혼자가 아닙니다

프리랜서인 당신은 말 그대로 집에서 혼자 일하기는 해도 컴퓨터 자판이나 전화만큼 가까운 곳에 동료 편집자의 무리가 있다. 원고와 관련하여 의문 드는 일이 생기면 적절한 상대를 찾아 손을 뻗어라.

당신을 담당하는 지정 편집자는 당신의 작업을 살피는 것이 일이다. 당신에겐 지정 편집자가 결정을 내려줘야 해결되는 문제가 있고 이들은 당신의 질문에 답을 해주는 대가로 월급을 받는다. 이때 틈나는 대로 계속 질문을 퍼붓지 말고 묻고 싶은 것들을 정리해서 가끔 한꺼번에 물어라. 여기서 확실한 것은 당신의 지정 편집자는 나중에 완성된 원고를 받은 상태에서 골칫거리를 해결하기보다 지

── 2부 자신을 다스리며 동료 편집자와 함께 일하기

금 당신의 이메일에 답을 주는 것이 훨씬 낫다는 것이다. 관리자에게 사후 평가를 받는 것도 일을 배워가는 과정에서 꼭 필요하다. 작업이 끝나면 꼭 그 결과를 묻는 습관을 들여라.

당신이 도시에 살고 있다면 필요한 정보와 연락처 등을 공유하는 프리랜서 단체가 있을 것이다. 이런 단체에 가입하면 업무와 관련해서 이야기를 나눌 기회가 생길 테니 이들과 인적 관계도 형성하고 다른 사람들의 정보도 끌어오라.

편집의 기초에 관한 문제를 해결하지 못하고 있다면 스스로 해야할 숙제가 있다. 매뉴얼이나 사전을 가지고도 해결이 안 될 때는 인터넷의 도움을 받아라. 참고할 만한 사이트들을 '즐겨찾기'에 추가하고 수시로 열어보아라. 필요한 정보를 전부 수집했음에도 결정내리기가 힘든 경우에는 편집상의 어려움을 겪는 사람끼리 도움을 주고받는 편집자 리스트서브에 가입하라. 일단 가입하고 나면 사람들이 이런 사이버공간에서 얼마나 많은 시간을 보내는지 알게 될 것이다. 도대체 일은 언제 하는 것인지 궁금할 만큼. 잊어선 안 될 것이 있다. 질문거리를 손에 쥔 당신 옆에는 항상 '시카고 매뉴얼의 Q&A'가 있다는 사실.

A 답하기 어려운 질문이군요.

11장
마음 다스리기

Q 계약서에서는 특정 용어의 뜻을 분명히 밝혀주기 위해 큰따옴표와 괄호를 자주 사용합니다. 예를 하나 들게요. ABC Corp. (the "Seller") shall sell ten widgets to XYZ Corp. (the "Buyer"). 이런 계약서상의 문구를 작성할 때 닫는 괄호가 문장의 끝에 오면 저는 온점을 그 닫는 괄호 다음에 찍습니다. 그런데 위의 예에서 보다시피 약어임을 나타내는 온점(Corp.은 Corporation의 약어—옮긴이) 다음에 문장의 끝임을 알리는 온점을 또 찍으려니까 마치 손톱으로 칠판을 긁는 소리를 듣는 듯 불편합니다. 무슨 좋은 수가 없을까요?

아주 깐깐한 편집자

편집자 하면 딱 떠오르는 이미지가 있다. 알이 두꺼운 안경에, 소심하고 수줍음이 많으며 데이트 상대도 없고 지나치게 깔끔하다. 그리고 원고를 장악하려는 노력을 결코 멈추지 않는다. 언젠가 내

---

* 판매사(the "Seller")인 ABC 사는 구매사(the "Buyer")인 XYZ 사에 10개에 달하는 물품을 팔 것이다.

아들 존에게 이런 말을 한 적이 있다. 도저히 협상할 수 없는 일이 있게 마련이고 그럴 때 작가가 동의를 해주지 않으면 화가 나는데 그것이 내가 이 직업에 소질이 있다는 뜻은 아닐 거라고 말이다. 달리 잘할 수 있는 일이 없어서 계속 이 길을 가게 되었다고 하자, 존은 "테러리스트는 어때요, 엄마?"라고 말했다.

세상에, 편집자와 테러리스트라니……. 우리 편집자들이 정말 이 정도로 일그러진 사람들인가? 가끔 궁금할 때가 있다. 어느 프리랜서한테 가볍게 훑어봐달라고 부탁했던 원고가 도착해서 보니 온통 빨간 줄 천지였다. 그 프리랜서는 어쩔 수 없었다고 했다. 그 이후로 다른 일을 부탁했을 때도 결과는 마찬가지였다. 두 번 모두 나한테 작업 내역서를 보내면서 실제로는 내역서에 청구한 것보다 몇 시간 더 일해야 했다고 프리랜서는 덧붙였다. 그럴 수밖에 없었던 이유는 자명했다. 나는 그에게 추가로 몇 시간 더 청구하라고 하지 않았다. 꼭 내가 자기를 부려먹는다고 생각하는 것 같아서 찜찜하기도 했고, 두 번째 원고에서는 그가 단락을 고쳐 쓰는 일에 너무 힘을 쏟느라 사실상 꽤 여러 개의 오·탈자를 못 보고 지나치기도 했기 때문이다.

동료 편집자 중 하나는 원고에서 밑줄이 그어진 낱말들을 한 번에 이탤릭체로 바꾸는 법이 있다는 것을 몰라서 자신이 직접 일일이 바꿨었다고 최근에 털어놓았다. 굳이 그럴 필요가 없었다는 것을 본인도 알고 있었고, 또 디자이너가 할 수도 있는 일이었지만 그냥 본인이 했다고 했다.

앞에서 각주 번호 스캔들의 경우를 들면서 나 또한 이런 식의 충동적인 집착을 보인다는 사실을 일찌감치 고백했다. 아, 내가 받은 편지함을 어떻게 정리하는지는 여기서 또 이야기하지 않겠다.

내가 '충동적인 집착'이라는 말을 사용했지만, 그것이 곧 다른 집단의 사람들에 비해 편집자들이 극단적인 행동을 초래하는 강박장애를 겪는다는 뜻은 아니다. 그것보다는 꼼꼼하고 완벽하고자 하는 편집자의 성향을 언급한 것이다. 이런 특성은 편집자에겐 중요한 것이며 어느 면에서는 애초에 편집자가 원고 편집이라는 세계에 발을 들여놓게 된 계기를 마련한 것이기도 하다. 여기서 문제는 원고에 대한 걱정을 하자면 끝이 없지만, 그런 걱정을 하는 대가로 누군가가 당신에게 줄 돈이 늘어나지 않는다는 것이다. 어느 시점에서 이만하다 싶으면 당신도 멈춰야 한다.

조절해가며 일하기

편집 프로젝트를 맡길 때는 보통 몇 시간쯤 걸릴 거라고 예상하게 마련이다. 시카고 대학 출판사는 예상 작업 시간을 추정하는 방법을 다양하게 마련해놓았다. 그러나 우리는 이것이 어디까지나 개략적인 지침에 불과하다는 사실을 알고 있다. 원고를 깊이 들여다보고 실제로 일을 해보기 전까지는 어떤 문제가 나타나서 작업 속도가 늦춰질지 예측하기 어렵다. 그럼에도 숙련된 편집자라면 두 가지 종류의 프로젝트가 존재한다는 것을 안다. (1) 더도 말고 덜도 말고 꼭 예상 시간만큼의 가치만 있는 프로젝트, (2) 실제로 일이 끝나야 마감되는 프로젝트. 그렇다면 지금 당신이 맡은 프로젝트가 어떤 종류인지 알아내는 방법은 무엇인가? 그리고 만약 (1)과 같은 종류라면 어떤 식으로 작업 시간을 적당히 조절해가며 일할 것인가?

당신은 프리랜서이고 받을 급료의 액수가 정해진 일감을 의뢰받았다면, 그건 예상 시간 내에 작업을 마치고 그 이상 시간을 쓰지 말라는 뜻으로 이해하라. 만약 시간당으로 급료를 지급받는 상황에서 프로젝트의 중요성을 파악하려면 지정 편집자에게 다음과 같은 질문을 해보는 것이 좋다. "예상 시간보다 더 오래 일해도 괜찮나요?" 편집자로부터 우선순위가 낮은 원고라거나 완벽할 필요가 없는 원고라는 식의 대답을 기대하라는 뜻은 아니다. 기꺼이 투자를 더 할 만한 프로젝트라면 편집자가 자연스레 그 중요성을 강조할 것이다. 당신이 프로젝트를 수행하면서 어떤 어려움에 부딪히는지 편집자는 항상 알고 싶어 한다. 어떨 땐 자세한 내용을 물어보기도 전에 시간을 너무 잡아먹는 사안이니까 그냥 넘어가라고 조언하기도 한다.

정해진 시간 내에 일을 끝내는 것은 경험을 통해 나아지는 기술과도 같은 것이다. 프로젝트를 시작할 때, 먼저 주어진 예정 시간을 마감일 전까지 일할 수 있는 총 날짜 수로 나누어라. 그러면 하루에 몇 시간 정도 작업해야 하는지 계산이 될 것이다. 만약 진행 중인 다른 일 때문에 프로젝트에 일정 시간을 쏟을 수 없는 처지라면 일정에 무리가 있다고 지정 편집자에게 즉시 알려야 한다. 만약 당신이 왕초보라면 다짜고짜 모니터에 머리를 박고 일을 시작하기 전에 하루 작업량부터 산출하되, 실제로는 그것보다 덜 일하게 된다고 예상하라. 놀랍게도 앉아서 하루 여덟 시간 동안 편집할 수 있는 사람은 그리 많지 않다.

이제 주어진 시간 안에 일을 끝내려면 하루 한 시간에 몇 페이지를 편집해야 하는지 알아내자. 이것을 알아내는 방법이 있다. 먼저 예상 시간부터 파악하라. 예상 시간 안에 원고의 자질구레한 부분을 정리하는 것까지 포함한 거라면 편집에만 집중할 시간을 알아낸다. 먼저 전체 예상 시간의 15%를 제하라. 15%를 제하라는 것은 전체 예상 시간에 0.85를 곱하라는 것과 같은 뜻이다. 쉬운 대로 이해하라. 그리고 한 시간당 몇 페이지를 편집해야 하는지 알아보기 위

——— 2부 자신을 다스리며 동료 편집자와 함께 일하기

해서 원고의 전체 페이지 수를 위에서 구한 실제로 편집에 집중할 시간으로 나누어라. 여기서 구한 한 시간당 편집해야 하는 페이지 수에 하루 작업 시간을 곱하면 당신이 하루에 몇 페이지 정도를 끝내야 하는지 나온다.

작업의 진행 상황을 확인하라. 예정대로 진행되고 있거나 목표량보다 앞서 있다면 문제 없다. 그러나 하루 치를 끝내는 데 너무 오래 걸린다면 일정을 조정할 필요가 있다. 목표량에 도달하지 못하는 원인을 알아내고 시간을 아낄 방법을 찾아라. 지금껏 당신이 고수해왔던 편집 양식에 꼭 맞지 않는 표기법이라도 사리에 맞고 일관성이 있다면 그냥 감수해야 할 상황도 있다. 앞에서 이미 편집해놓은 것을 다시 원상태로 되돌리는 일도 발생한다. 오·탈자를 확인해야 할 곳에서 자신도 모르게 사실 확인 검증을 하고 있다면 본연의 업무로 돌아가라. 사실 확인 검증을 꼭 해야 할 때도 있지만, 대개는 편집자가 참을 수 없어서 하는 경우가 더 많다. 참아야 한다. 나중에 작가에게 보여줄 질문거리가 길고 장황하거나 편집 양식에 대한 설명이 너무 상세하다면 그런 것들에 신경을 덜 쓰도록 노력하라. 작가가 인용해놓은 문장들을 인터넷에서 확인하거나 빠진 정보를 찾아다닌다면 그건 작가가 할 일이니 그만하라. 대신 의문을 제기하라. 원고를 빨리 읽어야 한다. 이 책의 6장을 다시 보라. 자동화, 위임, 재평가를 하면 그만인 일에 혹시 시간을 허비하고 있는 것은 아닌가?

편집 이외의 일로도 시간을 많이 허비하게 된다. 만약 원고 여러 개가 동시에 제작 단계에 걸려 있다면 본인의 작업 습관과 절차를 다시 살펴보고 시간을 줄일 길이 있는지 확인하라. 교정쇄를 살필 때 각 페이지의 아랫단끼리 가로줄이 맞는지 확인하곤 했는데 몇 년 전부터는 그러지 않기로 했다. 그 당시 내 책상은 한꺼번에 몰려든 여러 책의 교정쇄들로 정신이 없었다. 분명히 저자마다 몇 주 간격으로 교정쇄를 보냈는데 어째서 이런 일이 생겼을까? 어쨌든 이 교정쇄들을 모두 읽어내는 데 시간이 너무 오래 걸린다고 느꼈다. 그래서 페이지가 정렬되어 있는지 확인하는 일을 그만두었다. 어차피 디자이너가 교정쇄를 살피는 단계에서 확인할 사항이고, 독자로서는 그 중요성이 경미하다고 생각했기 때문이다.

내가 의식적으로 작업의 질적 수준을 낮췄다고 볼 수도 있다. 그래서 조금은 찔리기도 한다. 바로 앞 단락을 쓰는 동안 항의하는 당신의 외침이 들리는 듯했다. "안 돼요! 다른 건 몰라도 그것만은 안 돼요! 제발 작업의 질적 수준을 낮추라는 말만은 하지 마세요!" 그러나 유치하게 이러지 말자. 우리가 얘기하는 '질적 수준'이라는 것은 단순히 시간만 잡아먹는 습관일 뿐, 정작 독자는 큰 차이를 느끼지 못하는 사안들이다. 이런 데서 손을 떼야 더욱 중요한 다른 일에 쏟을 수 있는 시간을 확보할 수 있다. 만약 의뢰인을 위해 일한다는 말의 뜻이 주어진 일정에 맞춰 일을 끝내는 것을 의미한다면 독자를 위해 일한다는 말은 주어진 시간을 가능한 한 최선의 방법으로 활용한다는 뜻이다. 자, 이 책의 본문 중에서는 두 번째로 내가 굵은 글씨로 강조한 문장을 쓸 테니 준비하시라. **원고는 완벽하지 않아도 된다.**

이 얼마나 파격적인가? 실은 그렇지도 않다. 원고는 완벽하지 않아도 된다. 완벽한 원고란 불가능하기 때문이다. 원고에는 플라톤적 이상Platonic ideal이라는 것이 없다. '옳은' 원고가 되는 데 꼭 한 길만 있는 것은 아니다. 지금은 대리석 덩어리 안에 모습을 감추고 있지만 조금씩 계속해서 쪼아대면 언젠가는 모습을 드러낼 원고의 완벽한 자태라는 것도 꼭 하나만 있는 것이 아니다. 주어진 시간 내에서 최선을 다하라. 명백한 실수를 바로잡고 눈에 띄는 흠을 전부 없앤 원고. 독자의 이해를 돕기 위해서 가능한 한 여러 측면에서 일관성이 유지된 원고. 되도록 당신의 지정 매뉴얼을 따르되, 그 정도가 타당한 수준을 벗어나지 않는 원고면 된다.[1]

---

[1] 지나치게 열성적인 당신을 위해 동료 편집자의 얘기를 전한다. 교정쇄에서 실수들이 발견되어 걱정을 하다가 실은 작가가 급히 서두르느라 교정쇄를 제대로 읽지 않았다는 것을 알게 될 때가 있단다. 그러면 이 편집자는 '작가보다 내가 이 책을 더 아낄 수는 없지'라고 자신을 타이르며 작가 대신 교정쇄를 읽어주는 일에서 손을 뗀다고 했다.

폭발하기 전에 스트레스 풀기

맡은 일의 양이 너무 많거나 마감일이 여러 개가 닥칠 때, 또는 사적인 일로 얼마간 작업에 몰두할 수 없어서 속을 태우고 있다면 문제를 파악해서 조치를 취하라. 이런 상황이 계속 반복된다면 작업 습관을 자세히 살핀 후에 변화를 주어야 한다. 이보다 구체적이고 목전에 닥친 일이라면 업무를 수행하는 데 도움을 요청해야 할지도 모른다.

연장 근무를 하거나 일감을 집으로 가져가야 해결이 될 수도 있다. 아니면 전문 치료사를 찾아가거나 잠을 더 자거나 또는 친구와 수다를 떨고 웃긴 영화 한 편을 봐도 좋겠다. 이럴 때 내 친구, 사라에겐 '치티 치티 빵빵Chitty Chitty Bang Bang(007시리즈로 유명한 이언 플레밍의 동명 소설을 바탕으로 제작된 영화. 1968년 개봉—옮긴이)'의 영화음악이 명약이다. 여기서 중요한 것은 깜깜한 터널 끝에 불을 밝힐 방법을 찾는 것이다.

관리자에게 도움이 필요하다고 털어놓기 싫은가? 물론 자주 그러면 안 될 일이다. 그러나 정말 어쩔 수 없는 상황에서 당신이 약간 우는소리를 하거나 컨디션이 좀 망가진다고 해서 분별 있는 관리자가 그걸 구실로 당신을 나쁘게 보는 일은 없다. 어떤 관리자는 다른

2부 자신을 다스리며 동료 편집자와 함께 일하기

편집자들보다도 특별히 당신의 사정에 더 밝기도 하다. 당신이 당신의 처지를 알리기 싫은 경우라면 이런 상황이 실이 되겠지만, 당신이 도움이 필요할 때는 득이 될 것이다. 몇 년 전, 아주 힘든 시기를 보내고 있을 때였다. 내 상관은 내가 '우울해 보인다'라거나 그 비슷한 완곡어법으로 이메일을 보내왔다. 업무에 지장을 주었다고는 생각하지 않았지만, 혹시 그랬을 경우를 대비해서 사과를 했다. 그 상관은 답장에서 모든 일은 순조로웠다고 하면서도 '혹시 필요하다면 쉬는 시간을 가져보는 게 어떻겠냐'라고 권고했다. 나는 이 일을 통해 나를 도와줄 누군가가 곁에 있다는 것을 새삼 느끼게 되었다. 그 상사의 태도는 무척 적절했다. 내게 힘이 되는 말을 해주면서 사생활을 캐묻지도 않았고, 같은 직장인으로서 유지해야 할 선을 잘 지켜주었다. 여기에 감동받은 나는 다시 정신을 차리고 본래의 자리로 돌아왔다. 당시엔 상사에게 그런 권고를 받기 전에 진작 정신을 차렸어야 했다고 속상해했지만.

인생을 즐겨라

간단히 말해서 어떤 일을 잘해낼 수 있는 최고의 상태에 머무르기 위해서는 일과 삶을 따로 떼어놓아야 한다. 훌륭한 편집자는 교양 교육을 받고 문화와 관련된 다양한 배경지식을 갖춘 사람들이다. 이들은 외국어도 한두 개쯤 구사하고 웬만한 연산은 혼자서 할 수 있으며 여기저기 여행도 많이 한다. 만약 당신이 음악을 들으며 소설을 읽고 애완동물과 아이들, 채소 등을 키우면서 집을 새로 꾸미고 '스타 트랙 컨벤션('스타트랙'의 팬들이 코스튬 파티를 하거나 관련 배우를 초대하는 등 다양한 행사를 벌이는 자리—옮긴이)'에 참가할 줄도 안다면 그런 당신은 훨씬 더 나은 편집자가 될 수 있다고 믿는다.

원고가 곧 삶은 아니라는 것을 아는 상태에서 최선을 다해 주어진 일을 하다 보면 한때 동료이자 이제는 멘토인 어느 편집자의 충고가 실은 작업의 질적 수준을 낮춘 것도, 책임을 회피한 것도 아님을 이해하는 날이 당신에게도 올 것이다. "잊지 마. 이건 그냥 책일 뿐이야."

이 얼마나 기분 좋게 파격적인 충고인가.

A 명상을 하면 도움이 될까요?

부록

편집자로 데뷔하기

부록
편집자로 데뷔하기

경력에 보탬이 될 일감을 얻으려면 우선 경험이 있어야 한다는 건 다 아는 얘기다. 편집 분야 역시 예외가 아니다. 프리랜서에게 외주 편집을 맡기는 사례가 증가하면서 이제는 출판사가 큰 규모의 편집부를 꾸리는 것을 찾아보기 어렵다. 예전엔 베테랑 편집자가 지켜보는 가운데 수습 기간을 보내곤 했는데, 지금은 이런 모습도 예전만큼 자주 볼 수 없다. 그렇긴 해도 믿을 만한 프리랜서들을 따로 관리하기 위해서 프리랜서에게 도움을 제공할 관리자를 고용하는 것은 아직도 일반적이다.

이곳 시카고 대학 출판사도 항상 역량 있는 프리랜서를 찾고 있다. 학술 서적을 편집해본 경험이 있어야 입사 지원을 할 수 있으며 편집 시험도 거쳐야 한다. 신문사와 잡지사의 입사 지원 절차도 이와 거의 비슷하다.

자, 그러면 당신은 어떤 일부터 시작해야 할까?

전략의 하나로 만약 당신이 아직 젊어 부모님께서 크게 신경 쓰지 않는다면 잠깐 부모님과 함께 살면서 무보수 인턴사원으로 출판사에 자원하라. 내가 아동 도서와 관련된 일을 할 때는 인턴사원들이 끊이질 않았다. 그들 대부분은 출판사를 위해 일하면서 터득한 업무 능력과 출판사가 씨준 추천서에 힘입어 보수가 있는 일자리를 찾아갈 수 있었다. 만약 부모님과 함께 살 처지가 아니라면 본인의 다른 직장 생활을 고려해서 가능한 한 주당 몇 시간이라도 자원하도록 노력하라. 인턴사원에게 맡기는 특정 업무들이 있다. 교정을 보는 일이나 작가가 제출한 원고를 감정하는 일, 또는 편집 원고의 전자파일을 최근의 내용으로 갱신하는 일 등을 수행하면서 인턴사원을 교정기호와 교정을 보는 일에 대한 감을 익힐 수 있다. 편집된 원고를 살피면서 교정이 틀린 부분을 찾아내는 일을 맡게 되면 특별히 큰 도움을 얻을 수 있다. 편집자가 어떻게 수정을 해놓았는지 그리고 어떤 질문들을 남겼는지 직접 보면서 익히는 기회가 되기 때문이다. 이해력이 좋고 배우는 속도가 빠르면 관리자의 눈에 띄어서 어디든 교정을 보는 일자리가 생겼을 때 당신을 추천하게 될수도 있다. 이것은 편집자로 데뷔하기 아주 좋은 기회다.

언론 계통의 학위를 수여하는 대학들이 많지만, 그 대안으로 출판에 관한 단기 과정도 있다. 인터넷을 통한 온라인 강의를 들을 수도있다. 만약 당신이 실력이 뛰어난 학생이라면 강사가 일자리 관련정보를 알려줄 수도 있고 강의를 이수했을 때 추천서를 써줄 수도있다. 편집자를 뽑을 때, 대개는 고용인들이 지원자에게 관련 시험을 보도록 요구하기 때문에 편집에 관한 강의를 들으면 시험을 준비하는 데 큰 도움이 된다.

교정을 보는 일을 맡게 된다면 이것은 편집자로 일하기 위한 좋은 발판을 마련하는 셈이다. 수학이나 과학 같은 전문 분야에 대해아는 것이 많거나 특정 외국어에 능통하다면 지원자들 가운데 가장먼저 눈에 띌 가능성이 매우 크다. 따라서 이런 사항은 지원서에서꼭 언급하도록 하라. 고용자가 약간의 관심을 보였다면 다음 관문은 아마 교정 시험일 것이다. 교정자가 사용하는 부호를 익힌 다음친구들의 학기말 보고서나 논문을 가지고 교정 연습을 하는 식으로이 시험에 대비하라. 혹은 특정 편집 매뉴얼에 대해 잘 알고 있다고스스로 말할 수 있는 정도가 되면 고용 여부를 결정해야 하는 편집자는 그런 당신에게 더욱 호감이 갈 것이다. 교정자로 일하면서 편집주간과 인맥을 쌓을 수도 있다. 그러다 보면 어느 편집주간은 당신이 서서히 편집계에 익숙해지도록 적극적으로 도와주기도 한다.

프리랜서로 단 하나의 일감을 얻게 되면 이것을 기반으로 특정 고용주를 위해 여러 원고를 편집하는 기회를 잡을 수도 있다. 이 경험을 살려서 다른 고용주들과 일하게 되는 것은 어렵지 않다. 많은 출판인은 프리랜서를 고용하기 전에 프리랜서에게 편집 시험을 치르도록 요구하고 있지만, 당신의 수준이 어느 정도에 이르면 경력과 추천서만으로도 당신을 기꺼이 고용하려 들 것이다. 경험 있는 몇몇 프리랜시가 말한 비로는 입소문이야말로 새 의뢰인을 찾아내는 가장 효과적인 수단이라고 한다.

마지막으로 당신이 살펴볼 만한 자료는 인쇄물이나 전자 문서 형태로도 주변에 수없이 많다. 인터넷은 교정자와 편집자를 위한 정보의 보고이다. 데뷔를 앞두었건, 이미 몇 년간의 경력이 있건 간에 인터넷을 활용하는 데에는 차이가 없다. 관련 정보와 자료를 담은 책들도 있다. 이런 책들은 인터넷에서 검색할 수도 있고 도서관의 데이터베이스를 활용할 수도 있으며 직접 서점이나 도서관에 가서 찾아볼 수도 있다.

그럼, 행운을 빈다.

옮긴이의 말

제 마음이 도저히 진정이 되지 않을 때, 저는 자신을 이렇게 타이릅니다. "겁내지 말자. 기죽지 말자. 그냥 할 일만 하자. 지긋이 내 몫을 하면 된다"라고요.

　-엘리자베스 길버트, 『먹고 기도하고 사랑하라』 저자, 2009년 2월 글로벌 특강 테드TED 중에서

책을 읽다가 오타를 발견했다. 어색한 표현이 눈에 띄었다. 앞뒤 문장이 자연스럽게 연결되지 않았고, 문장부호와 띄어쓰기가 잘못되었다. 당신이라면 누굴 탓하겠는가?

이럴 때, '글을 쓴다는 사람이 맞춤법도 모르나?' 하는 사람도 있고 '번역을 하려면 우리말부터 제대로 알아야지' 하는 사람도 있다. 드문 경우이긴 하지만 떫은 표정을 지으며 편집자의 이름을 확인하는 사람도 있다. 이건 일반 독자들에게 해당하는 소리이고, 그렇다면 작가와 번역가, 편집자는 이와 같은 경우에 어떤 반응을 보일까?

사실, 책은 여러 사람이 힘을 모아야 세상에 나올 수 있는 공동 창작물이다. 많은 독자에게 꾸준히 사랑받기 위해서는 책의 내용과 본문 디자인, 책표지를 비롯해서 마케팅까지 어느 것 하나 소홀히 해선 안 된다. 그런데 책을 만드는 과정에서 책임의 경계가 상당히 모호한 부분들이 반드시 존재한다.

가장 이해하기 쉬운 예가 바로 오타를 발견하고 고치는 일이다. 애초에 작가가 바르게 썼다면 좋았겠지만, 무에서 유를 창조하는 고통과 기쁨에 푹 빠져 있는 순간에는 '몰아넣는'을 '모라넣는'이라고 쓸 수도 있다. (원서의 오타 때문에 번역가들이 겪는 고생은 말하지도 않겠다) 몇 백 쪽에 이르는 원고를 여러 번 반복해서 읽다 보면 그야말로 '이 말도 맞고 저 말도 맞는' 듯한 상황에 날하고 만다. 그래서 몇 달을, 혹은 몇 년을 준비해왔건 간에 자신의 원고를 다음 사람에게 전달하는 순간에는 항상 '서둘러' 넘기는 듯한 느낌이 든다. 넘기기 전보다 원고가 더 나아질 것을 은근히 기대하면서 말이다.

책임의 경계가 모호한 상태에서 시간상 앞서 일을 맡은 사람이 뒷사람에게 모든 책임을 전가한다면 어떻게 될까? 말 그대로 총체적 난국에 처하게 될 것이다. 그래서 책을 만드는 사람들의 멋진 합주를 위해서는 자발적인 태도가 중요하다. 지긋이 자기 몫을 하는 중에, 자신이 해야 할 일인지, 다음 사람이 해야 할 일인지 딱 떨어지지 않는 종류의 일이 눈에 보인다면 일단 해보도록 하자. 이때, 다음 사람에게 메모 남기는 것을 절대로 부끄러워해서는 안 된다. 이유는 본문을 읽어보면 잘 알 수 있다. 갖가지 이유를 들면서 연주자들끼리 서로 눈을 흘긴다면 그 혼란스러운 연주는 반드시 독자의 눈과 귀를 아프게 할 것이다.

어쨌거나, 더 나은 책을 만들기 위한 일이므로 지금 손에 쥔 원고에 질타보다는 격려를 주는 것이 낫다. 결국엔 책을, 그리고 사람을 살리는 편집이고 번역이고 집필이어야 하기 때문이다.

허수연